民國歷史與文化研究

十九編

第 3 冊

公共經濟視角下的山西近代化變遷（1912～1937）

李 歡 著

花木蘭文化事業有限公司

國家圖書館出版品預行編目資料

公共經濟視角下的山西近代化變遷（1912～1937）／李歡 著
-- 初版 -- 新北市：花木蘭文化事業有限公司，2024〔民113〕
序 2+ 目 4+174 面；19×26 公分
（民國歷史與文化研究　十九編；第 3 冊）
ISBN 978-626-344-788-2（精裝）

1.CST：經濟發展　2.CST：公共經濟學　3.CST：山西省

628.08 113009357

ISBN-978-626-344-788-2

民國歷史與文化研究
十九編　第 三 冊
ISBN：978-626-344-788-2

公共經濟視角下的山西近代化變遷（1912～1937）

作　　者　李歡
總 編 輯　杜潔祥
副總編輯　楊嘉樂
編輯主任　許郁翎
編　　輯　潘玟靜、蔡正宣　美術編輯　陳逸婷
出　　版　花木蘭文化事業有限公司
發 行 人　高小娟
聯絡地址　235　新北市中和區中安街七二號十三樓
　　　　　電話：02-2923-1455／傳真：02-2923-1452
網　　址　http://www.huamulan.tw 信箱 service@huamulans.com
印　　刷　普羅文化出版廣告事業
初　　版　2024 年 9 月
定　　價　十九編 6 冊（精裝）新台幣 16,000 元

公共經濟視角下的山西近代化變遷（1912～1937）

李歡 著

作者簡介

李歡（Li Huan），中國社會科學院經濟史專業博士，中關村海淀園博士後，高級經濟師，現任華職集團產教融合研究院研究中心主任，曾主持和參與多項國家級、省部級、市級課題，發表學術論文及研究報告十餘篇，主持研究諮詢項目數十項，研究方向主要集中在公共經濟史、城市經濟史、新興產業發展及人才需求、職業教育發展等方面。

提　　要

　　民國時期中國社會由傳統向現代變遷，政府對經濟的參與和控制加深，公共經濟隨之產生並發展。這一時期的山西在閻錫山統治下，形成了一個相對獨立且較為穩定的社會環境，能夠保持一定程度上經濟政策實施的連續性和穩定性。從「六政三事」到「厚生計劃」，再到「山西省政十年建設計劃案」，山西省政府對市場的控制範圍逐漸擴大，控制能力不斷增強，逐漸形成統治經濟模式，並體現出金融政策的擴張性、農業發展的統籌性、重工業優先和進口替代型經濟等戰略特點。

　　在政府對市場的管控能力不斷增強下，公共經濟的發展對當時山西社會經濟產生一定的正外部性，產業結構逐漸向第二產業轉移，科技成果不斷湧現，公民素質和居民收入也得到顯著提高。但另一方面，對經濟的過度干預造成了貧富差距擴大、農業收入減少和民族資本受到擠壓等問題，並滋生權力腐敗，使部分公共經濟對社會的福利未能完全發揮其作用。

　　本文以公共經濟為視角，以公共經濟學為理論框架，以歷史學、經濟學、計量學為分析方法，對民國 1912 年到 1937 年山西省經濟近代化下公共經濟發展進行闡述分析，並研究了公共經濟發展對山西社會經濟所產生的影響，在此基礎上對當時山西公共經濟發展趨勢、特點和經驗教訓進行了總結。

序　言

　　自古以來，山西以其得天獨厚的地理位置和豐富的自然資源，在中國歷史長河中佔據著舉足輕重的地位。它不僅是中華文明的發源地之一，更是諸多歷史事件和變革的見證者。尤其在民國時期，中國社會正經歷著從傳統向現代的深刻轉型，而山西在這一歷史時期更是展現出了其獨特的變遷軌跡。

　　本書《公共經濟視角下的山西近代化變遷（1912～1937）》以公共經濟視角，深入剖析了這一時期山西經濟社會的變遷過程及其深遠影響。在閻錫山的管理下，山西形成了一個相對獨立且穩定的社會環境，這為公共經濟的發展提供了有利條件。從「六政三事」到「厚生計劃」，再到「山西省政十年建設計劃案」，山西省政府逐漸擴大了對市場的控制範圍，並不斷提升其控制能力。公共經濟的崛起，不僅推動了山西產業結構的優化調整，促進了工業、農業、商業等多個領域的繁榮發展，催生了科技成果的湧現，帶動了教育、醫療等社會事業的進步。這些變革使得山西公民的整體素質得到顯著提升，並實現了居民收入的穩步增長。

　　然而，公共經濟的發展並非一帆風順。在政府對經濟過度干預的過程中，一些問題逐漸暴露。例如，貧富差距的擴大、農業收入的減少以及民族資本遭受擠壓等問題日益凸顯。這些問題不僅影響了經濟健康發展，也對社會穩定造成了潛在威脅。同時，權力腐敗現象的滋生也導致部分公共經濟未能完全發揮其對社會福利的積極作用。

　　本書旨在通過深入剖析公共經濟在山西近代化變遷中的作用和影響，為我們理解這一時期山西經濟社會的發展提供新的視角和思路。它不僅梳理了

山西公共經濟發展的歷史脈絡，還深入分析了其背後的原因和機制。同時，本書也希望通過總結當時山西公共經濟發展的趨勢、特點和經驗教訓，為當今社會公共經濟的發展提供有益的借鑒和啟示。

在本書的編寫過程中，作者充分運用了歷史學、經濟學、計量學等多學科的理論和方法，對相關資料進行了深入且細緻的挖掘和分析。同時，作者還緊密結合實際情況，對山西近代化變遷中所呈現的具體問題進行了深入的探討與研究。這使得本書不僅具有深厚的學術價值，也具有很強的現實指導意義。

希望本書的出版能夠為讀者提供一個全新的視角，更深入全面的理解和認識山西近代化變遷的歷史進程，以及公共經濟在其中所發揮的重要作用。同時，也希望本書能夠進一步激發更多學者和研究者對山西乃至中國近現代史的興趣和關注，推動相關領域的研究不斷深入和發展。通過深入研究山西近代化變遷的歷史經驗和教訓，為當今社會的公共經濟發展提供有益的借鑒與啟示，推動中國經濟社會持續健康發展。

目

次

導　論

一、選題之目的及意義

（一）選題的目的

　　社會主義的國家性質決定我國以公有制為主體、多種所有制共同發展的經濟基礎。在公共事業方面，中華人民共和國建立之初一度是推行先工業化、後城市化的發展步驟，對國有企業投資較多，而對公共事業投資相對較少。加之沒有及時引進私人資本的競爭，公共事業發展相對滯後。改革開放以後隨著公共事業經營方式的改變、現代企業制度的建立和民間資本與外資的加入，擴大了國有資本的控制範圍和能力，推動了國有企業的壯大發展，也使公共事業的效益和服務能力逐漸提高。如今，隨著現代化程度的加深，國有企業經營和醫療衛生等公共服務運營也面臨著新的挑戰，如各部門協調性有待加強、建設投資力度有待提高、法律法規有待健全、產權界定有待明確等，新一輪改革迫在眉睫。於此同時，我國財稅體制也日益顯現出制度不健全、不完善、不規範、不透明、中央和地方責權不清晰等問題，國家財政部已明確表示要建立全面規範、公開透明、公平統一、上下協調的現代財政制度，深化財稅體制改革。另一方面，教育、醫療、社保、住房保障等需要政府提供的權益型公共服務產品，也面臨基礎教育普及、醫療保障範圍擴大、政府與市場邊界調整、公共與私人利潤分配等方面的改革。要解決這些問題，推動改革進程，構建公共經濟發展的整體思路，加快我國公共經濟的建設，提高公共經濟效益，就需要建立一套符合我國歷史國情的運行機制。加強對公共經濟產生發展初期的考察，探尋歷史發展軌跡和遺留慣性問題，對我國公

共經濟的改革和發展有著重要的現實意義。

公共經濟並不是新中國建立後才產生出來，也不是社會主義所獨有，而是隨著近代化逐漸發展起來的。近代化是在傳統向現代、農業文明向工業文明轉化過程中，政治上的民主化、法制化，經濟上的工業化、商品化，思想上的理性化、科學化，以及社會上的開放化、自由化等一系列既相互關聯又不斷變化發展的過程。民國時期隨著資產階級政權的建立，政治上逐漸表現出民主化、法制化的開端，由財務行政、財務立法、財務司法組成的現代財政制度建立起來，儘管具體實施時受到行政專權的把持，但已經比傳統社會君主制下有所進步。制度的變革標誌著公共經濟進入了一個新的發展時期。政府職能逐漸轉變，一定程度上能出現服務型政府職能，「福利化」「均富化」作為近代化的特徵之一，帶動了公共設施和公共服務的發展。公共水電、交通、郵電、醫療、教育、金融等事業相繼發展起來，特別是上海、廣州等沿海沿江地區最先接受外來先進文化的影響，公共服務意識較強。在近代中國加入國際市場後，外部面臨國際壓力，內部社會動盪、政權不穩。馬寅初曾認為當時「貧弱之國，除統制治之外，殊無法抵抗其潮流也」〔註1〕。因此民國政府為政治統治力量的需要，興起統制經濟思潮，主張對經濟實行有組織性、計劃性、統一性的控制和指揮，因此公營事業也逐漸發展起來，除了原先封建國家壟斷經營的鹽、鐵、對外貿易等行業外，還擴展到工礦業、紡織業、交通運輸業、金融業等行業。公營事業的發展使政府成為近代化的重要推動力量，也使公營事業成為政府財政收入的重要來源和政府控制社會經濟的重要手段之一。民國是公共經濟發展的開端，也為後來的公共經濟建設奠定了基礎，對其進行認真總結能夠從歷史的角度為研究當今中國公共經濟發展改革提供一定的經驗及教訓。

山西處於內陸地區，其近代化過程晚於沿海沿江各省，在清末時資本主義萌芽緩慢，直至民國才開始加快發展。民國時期山西有兩個典型特點。第一，晉系軍閥割據統治。民國山西基本處在晉系軍閥統治下，政治相對穩定。山西省政府一方面與中央政府存在從屬與對立的雙重關係，使其在國家政策中受益較少；另一方面權力集中有利於省內資源調度，在集權統制下，經濟發展的計劃性和集中性較好。這種政治局面使山西經濟對外部具有自主的應對和保護功能，能夠相對主動地進行近代化變革，而較少像其他傳統城市一

〔註1〕馬寅初：《中國經濟改造》，上海：商務印刷館1935年版，第196頁。

樣疲於戰爭（如中原地區城市）或被外國控制（如東北地區城市）。第二，新的經濟體系的形成，統制經濟占主要地位。民國山西實行統制經濟政策，又名計劃經濟，對經濟建設進行統一的計劃部署。金融方面，山西省四大銀行代替了原先晉商的票號金融。工業方面工廠遍布省城內外，形成以軍事工業為主的重工業體系，其中以西北實業公司為載體的公營事業占主導地位。市場方面，隨著外貨傾銷，自然經濟解體，市場作用逐漸增強，農業對工業的依附程度加深。總體而言，山西政治上維持了較長時間的安定局面，經濟上保持了相對的連續性和穩定性，是近代化的典型代表。山西省政府為鞏固自己的力量，奉行統制經濟政策，控制財政稅收，以政府力量推動經濟近代化發展，公共經濟建設卓有成效，其取得的經驗和教訓具有一定的借鑒價值。

（二）理論意義和價值

　　縱觀中國歷史進程，近代無疑是發生根本性變化的一個階段，近代生產方式的根本變革導致了人與人之間的關係也發生了質的變化，從自給自足相對獨立狀態，變化發展為群體協作機器化大生產，群體依賴性逐漸增強。對中國近代化的研究主要集中在標誌性認識上，形成了以「衝擊──反應」模式和資本主義萌芽論為代表的生產關係說、以日本學者濱下武志為代表的工業化程度說，以及吳承明的市場經濟說三個主要方向。這些理論也成為近代化研究的主要依據。然而，近代化是在傳統向現代、農業文明向工業文明轉化過程中，政治上的民主化、法制化，經濟上的工業化、商品化，思想上的理性化、科學化，以及社會上的開放化、自由化等一系列既相互關聯又不斷變化發展的事件。單一的標準難以完整表述近代化的全部進程，隨著研究的不斷深入，學者們開始逐步將視角轉移到對近代化特徵的描述上來。這些近代化特徵（或現代性）被王笛概括為：民主化、法制化、工業化、都市化、均富化、福利化、社會階層流動化、宗教世俗化、教育普及化、知識科學化、信息傳播化、人口控制化。〔註2〕認為這些特徵的出現就是近代化過程，而不再使用近代化標誌來研究近代化問題。

　　近代化下表現出的特徵要求公共經濟的建立和發展作為保障。「工業化」在當時我國國際競爭力較弱、政治穩定性較差的情況下，需要政府的支持來對資源進行整合，以提高工業實力和市場競爭力。「均富化」、「福利化」需

〔註2〕王笛：《跨出封閉的世界‧長江上游區域社會研究 1644～1911》，北京：中華
　　書局 2001 年版，第 7 頁。

要公共經濟對民眾提供均等的公共服務和公共設施，以實現財富的再分配，並縮小收入差距。「教育普及化」、「知識科學化」等作為溢出效應較高的非營利性事業，更加需要政府來承擔經營發展的職責。由此可見，公共經濟是近代化特徵的體現，也是近代化發展的必要制度支持。正如「瓦格納定理」曾指出的那樣，國家在進入工業化以後，其公共部門的數量和比例都將隨之擴大，且公共支出占國民收入的比例不斷膨脹，公共收入和支出在經濟發展中所起的所用也將越來越大。〔註3〕這一理論不僅在我國近代化過程中展現的淋漓盡致，更是在後來 100 多年間不斷的被學者和其他國家的經濟發展軌跡所驗證。

公共經濟學是從公共財政學發展而來的一門學科，是政府為彌補私人經濟負外部性及市場失靈的問題，以實現社會福利最大化為目的，並兼顧社會公平，通過公共收入和支出，提供公共物品和服務、優化資源配置、維護市場秩序、穩定宏觀經濟的行為研究。1959 年馬斯格雷夫的《財政學原理：公共經濟研究》（The Theory of Public finance：A Study on Public Economics）標誌著公共經濟學的產生。〔註4〕之後布坎南（J. M. Buchana）〔註5〕、斯蒂格利茨（J. E. Stiglitz）〔註6〕等人也都出版了相關著作，「公共經濟學」這一概念逐漸得到了學術界的一致認可。儘管是從財政學而來，公共經濟學卻與之有著理論出發點上的不同，其對財政和整個社會經濟資源配置的研究是出於社會福利最大化目的而進行的。而且，公共經濟學的研究範圍擴大到了公共財政以外的公共選擇、公共物品、公共政策等方面，並且交叉了福利經濟學、集聚經濟學、社會學等，研究體系更加完整。近些年的研究來看，研究熱點對象也從財政收入和支出轉向教育、監管（對環境、金融、房地產等）、投資環境、公眾參與、醫療保障、老齡化問題、行為制度研究等多個領域。

相較而言，我國公共經濟學的研究起步較晚，直至 20 世紀 90 年代陸續出現公共經濟學方面譯著和著作，並基於我國社會主義市場經濟初期的基本國情，研究針對我國自身特殊性下所表現出的公共產品、國有企業、事業單

〔註3〕 Wagner, A. Three Extracts on Public Finance. In Classics in the Theory of Public Finance（1958）. R. A. Musgrave and A.T. Peacock eds. London: Macmillan, 1883.

〔註4〕 R.A.Musgrave. Theory of Public Finance: A Study in Public Economy. McGraw-Hill, 1959.

〔註5〕 J. M. Buchana, Public Finance in Democratic Process: Fiscal Institutions and the Individual Coice.UNC Press Books, 1967.

〔註6〕 （美）約瑟夫·斯蒂格利茨：《公共財政》，北京：中國金融出版社 2009 年版。

位、財稅制度、教育醫療、居民收入等方面問題。公共經濟學的研究對我國改革事業有重要的理論指導作用，需要不斷加以深化、擴展，在更大範圍內進行分析探索，以追尋我國公共經濟的起源及其發展路徑特點，更需要我們從歷史的角度出發，以變化的、連續的、發展的眼光看問題，研究我國公共經濟從起步到發展的來龍去脈。

二、文獻綜述與評述

（一）1949 年以前相關研究

1. 對山西的相關研究

山西作為民國時期中原重要省份之一，當時不乏政府機構、學者對其研究。《山西考察報告書》是全國經濟委員會調查所寫，包括山西工業、鐵路公路運輸、水利和金融等部分，特別對山西利用資源優勢所嘗試的煤煉汽油技術、窄軌鐵路以及包括物產券等在內的貨幣發行流通等問題進行了分析論述。陳希周所著《山西調查記》是江蘇學者來晉考察所得，對山西各個方面都做出了調查評論，認為「迨見聞所及，其政治無不具有創造的振作精神」〔註7〕，對山西省建設給予了較高的評價。其他已知的對山西的研究著作羅列如下：

表格 0-1　已知近代關於山西的研究著作（1949 年以前）

書　名	編著者	出版社	出版時間
《山西修路記》	陸世益編著	——	1921 年
《山西調查記》	陳希周著	南京共和書局	1923 年
《山西地方制度調查書》	郭葆琳等編	山東公里農業專門學校農業調查會	1925 年
《山西造產年鑒》	劉傑等編著	造產救國社	1926 年
《山西自治行政實察記》	吳庚鑫編著	上海教育出版社	1928 年
《視察山西農林牧畜水利報告》	謝嗣燨著	——	1928 年
《山西考察報告書》	全國經濟委員會編	全國經濟委員會編	1936 年
《中國實業志·山西省》	吳鼎昌	商務印書館	1937 年
《分省地志·山西》	周宋康編	中華書局	1941 年
《山西工業的新姿》	西北實業建設編審委員會編公司	西北實業建設公司	1948 年

〔註7〕陳希周：《山西調查記》（卷上），南京：南京共和書局 1923 年版，第 1 頁。

另外，山西所辦各種期刊雜誌上對於本省經濟多有論述，《山西建設》《山西政報》《山西大學校刊》《山西民眾教育》《山西農學會刊》等都是當時刊載較多的期刊，談論內容以山西內政要務、山西各項政策及實施、山西現行經濟狀況等為主。山西以外的報刊雜誌中也對當時山西新政常有置評，如《申報》《中央銀行月報》《中華實業月刊》《西北論衡》等，其中山西經濟政策、民眾教育事業、村政及山西經濟所面臨問題都是當時學者關注的重點。

2. 公共經濟的相關研究

建國前公共經濟學尚未產生，但當時已存在對於現代財政制度和公營事業等方面的研究，只是尚不能稱之為公共經濟學。現代財政制度的引進引起了當時激烈的討論，成為學術熱潮，相關著作成果頗多（見表格 0-2），其中陳啟修所著的《財政學總論》堪稱中國財政學奠基之作。

表格 0-2　已知部分財政學相關研究著作（1949 年以前）

書　名	編著者	出版社	出版時間
《地方財政學》	（日）小林丑三郎著；姚大中譯，盧壽錢校訂	崇文書局	1919 年
《財政學總論》	陳啟修著	商務印書館	1924 年
《財政總論》	（日）小川鄉太郎著，何嵩齡譯	商務印書館	1927 年
《財政學研究》	（英）披谷著，陳漢平譯	神州國光社	1932 年
《財政學原理》	（英）達爾頓著，杜俊東譯	黎明書局	1933 年
《財政學》	何廉，李銳合著	國立編譯館	1935 年
《財政學史》	阿部賢一著，邵敬芳譯	商務印書館	1936 年
《地方財政》	譚憲澄	商務印書館	1939 年
《財政學綱要》	錢亦石	中華書局	1939 年
《地方財政學》	朱博能編著	正中書局	1943 年
《財政學》	周伯棣	文化供應社	1944 年
《財政學概要》	劉不同著	昌明書屋	1948 年

另外，當時學者對統制經濟制度和公營事業也進行了大量的討論，就中國因採取何種經濟制度，是否因實行統制經濟、實行統制經濟所需條件和所採取措施、公營事業的必要性和作用等問題都是討論的重點。周伯棣的《論

公營事業》中認為公營事業是與私營事業相對應，其經營雖以服務為宗旨，不以盈利為目的，但是公營事業的經營與私營事業一樣同樣需要利潤最大化，只是其「利潤」不局限於私營企業的收益利潤，而是社會效益最大化，其中包括其行政效益和政治收益。認為當時公營事業多失敗的主要原因是官僚主義作祟，官僚主義的權利本位妨礙了公營事業的運行效率。孟憲章的《中國公營事業論》認為隨著資本主義自由競爭不斷體現出弊端缺陷，從 19 世紀末 20 世紀初自由經濟逐漸向統制經濟轉化、產業資本向金融資本轉化、國民經濟向國防經濟轉化成為世界普遍趨勢，致使「私營經濟社會化或公營事業逐漸發達」〔註8〕。龍永貞在《我國工業經濟之危機及其統制計劃》〔註9〕中指出，我國工業競爭力薄弱，必須要進行組織合作，實行統制經濟來強化自己的實力，他將統制經濟分為直接統制（包括品質統制、生產統制、購買與販賣統制、價格統制和設備統制）和間接統制（即政府不直接管理，而是給予津貼、貸款和稅收保護等方式進行間接引導）。更多相關研究著作可見「表格 0-3」中所列。

表格 0-3　已知公共經濟相關研究著作（1949 年以前）

書　　名	編著者	出版社	出版時間
《產業合理化統制經濟和計劃經濟》	王達夫	大眾文化社	1936 年
《統制經濟研究》	李權時	商務印書館	1937 年
《統制經濟論》	井關孝雄著，劉國義譯	商務印書館	1935 年
《中國統制經濟論》	羅敦偉	新生命書局	1935 年
《統制經濟聲中公營事業之討論》	沈覲宜	東方雜誌	1936 年
《我國工業經濟之危機及其統制計劃》	龍永貞	中央銀行月報	1937 年
《經濟動員與統制經濟》	劉大鈞	商務印書館	1939 年
《中國之專賣制度與日本之公營事業》	荊磐石	中國編譯出版社	1941 年
《統制經濟與物價》	郭慶芳	益智書店	1942 年
《論公營事業》	周伯棣	東方雜誌	1947 年

〔註8〕 孟憲章：《中國公營事業論》，《新中華》復刊第 1、2 期，1948 年 1 月 1 日、1 月 16 日，轉引自陳志武，李玉：《制度尋蹤‧公司制度卷》，上海：上海財經大學出版社 2009 年版，第 292～309 頁。

〔註9〕 龍永貞：《我國工業經濟之危機及其統治計劃》，《中央銀行月報》第 3 卷第 7 號，1934 年 7 月。

| 《省縣公營事業》 | 胡次威等編著 | 大東書局 | 1948 年 |
| 《中國公營事業論》 | 孟憲章 | 新中華 | 1948 年 |

（二）1949 年以後相關研究

1. 關於近代化的相關研究

20 世紀 50 年代，美國學者費正清提出了「衝擊─反應」模式，之後中國出現「資本主義萌芽論」與之相對立，客觀上承認了近代化即資本主義化，從制度或生產關係角度定義了近代化的標誌。藉此觀點，有學者認為沿海沿江地區由於資本主義發展較快，是「中國近代化的先行地區」〔註10〕。實際上，近代化是任何國家都必然會經歷的階段，而資本主義階段卻並不是必然的〔註11〕，中國的近代化仍在延續，而資本主義社會制度早已消亡，故此西化觀點並不適用於中國。

鑒於西方近代是「人類社會從工業革命以來所經歷的一場急劇變革」〔註12〕，近代工業也往往被看作近代化的標誌加以研究。日本學者濱下武志在考察近代亞洲市場時也認為近代化即工業化，工廠的建設及其發展條件、生產規模、產品結構、經營狀況、工人階級等內容出現在研究當中。〔註13〕然而中國傳統工業的近代化轉型受到需求和供給雙重缺失，未能自發走上近代化道路。〔註14〕從外部引入的近代工業又存在機械化水準和科技含量低、影響範圍有限的狀況，遠不及西方工業化對整個社會變遷的影響力和輻射範圍大，把工業化在西方的地位加之於中國是不符合實際的。

上世紀 80 年代，對近代化標誌問題的討論逐漸拓展到了以市場經濟形成和發展為主的流通領域。吳承明先生以明清和近代國內市場的研究為基

〔註10〕 張仲禮，熊月之，沈祖煒：《長江沿江城市與中國近代化》，上海：上海人民出版社 2002 年版。

〔註11〕 吳承明：《傳統經濟·市場經濟·現代化》，《中國經濟史研究》1997 年第 2 期，「任何傳統社會，除非中途滅亡，遲早要進入現代化社會，這在邏輯上是無誤的。但歷史上，卻不一定必須經過資本主義，我國實際上就是越過『卡夫丁峽谷』，由半封建進入社會主義的。」

〔註12〕 《世界近代史上資本主義國家現代化與資產階級的歷史作用」討論會既要》，《歷史研究》1987 年第 1 期。

〔註13〕 〔日〕濱下武志：《中國近代經濟史研究──清末海關財政和開港場市場圈》，東京：汲古書院 1989 年版；《近代中國的國際的契機──朝貢貿易體系和近代亞洲》，東京：東京大學出版會 1990 年版。

〔註14〕 魏明孔：《中國傳統工業的近代命運》，《澳門理工學報（人文社會科學版）》，2017 年第 3 期。

礎，明確提出經濟現代化即市場化的論斷，認為自然經濟向市場經濟轉變是傳統經濟向近代經濟過渡中最根本的特徵。〔註15〕之後越來越多的學者將研究重點轉移到市場發展上來，傅衣凌、陳忠平、許檀等人都對中國市場結構進行過研究〔註16〕。近代化是在市場擴大的前提基礎上發展起來的，自由的市場經濟成為廣泛需求和專業化生產的誘致因素，需求擴大和生產專業化又為技術創新提供了必要性和可能性。然而中國的市場經濟服從於世界市場體系的需要，而非中國國民經濟發展的需要，市場無法形成對生產力提高和社會進步產生根本影響的誘致因素。故單純市場推動下的近代化無法推動中國社會經濟的協調發展，市場化不過是為近代化創造了前提條件。

在近代化標誌問題無法得到統一的情況下，學術界模糊掉這個非此即彼的概念，繼而研究內涵較為寬泛的近代化特徵問題。受新年鑒學派的影響，國外對中國的研究多集中在社會結構變遷方面，尤其是殖民者與本土市民、社會精英與普通大眾這兩對階層。〔註17〕國內研究涉及了教育、交通、醫療具有現代化特徵的社會現象。巫仁恕將這些現象定義為「現代性」，即「文明為面對時代的變化（無論這些是來自外部或內部），所做的自我調整。」〔註18〕

2. 關於公共經濟學的相關研究

公共經濟學的研究對象為公共部門，研究目的是為了彌補市場缺陷，使公共部門資源配置的效率最大化，因此研究內容涉及以公共產品、公共選擇為基礎的行為事業。公共經濟學是從財政學發展而來，阿道夫·瓦格納提出西方工

〔註15〕吳承明：《傳統經濟·市場經濟·現代化》，《中國經濟史研究》，1997 年第 2 期。

〔註16〕傅衣凌：《我是怎樣研究明清資本主義萌芽的》，《文史知識》，1984 年第 3 期；陳忠平：《明代南京城市商業貿易的發展》，《南京師大學報（社會科學版）》，1986 年第 4 期；陳忠平：《明清時期江南地區市場考察》，《中國經濟史研究》，1990 年第 2 期；許檀：《從北洋三口發展的歷史脈絡看中國近代化歷程》，《天津師範大學學報（社會科學版）》，2005 年第 1 期。

〔註17〕Mark Elvin 的 *The Gentry Democracy in Shanghai, 1905～1914* 認為近代上海士紳在社會中的作用與近代以前有相似之處，以此探索上海的近代與傳統問題；王迪《街頭文化：成都的公共空間、下層民眾和地方政治，1875～1928 年》將視角放在普通大眾的公共生活上；董玥的《民國北京》注重市民生活、街頭文化、懷舊心理等方面的描述；Zwia Lipkin 的 *Social Problems and Social Engineering in Nationalist Nanjing, 1927～1937* 一文研究了民國都城南京的社會問題如難民、貧民窟、人力車等問題。

〔註18〕〔臺〕巫仁恕：《從城市看中國的現代性》，臺北：「中央」研究院近代史研究所 2000 年版，導論 PⅣ。

業化進程中所體現出的政府支出隨著工業化程度加深而增加的趨勢，認為工業化和經濟增長導致國家收入增長和政府職能擴大，政府活動不斷擴張使得公共支出不斷增長，公共支出占國民生產總值的比例提高，即「瓦格納法則」〔註19〕。皮考克和魏斯曼進而就英國公共支出進行分析，認為公共支出增長具有階梯型特點，提出「梯度漸進增長理論」〔註20〕。羅斯托和馬斯格雷夫認為不同經濟發展階段下公共支出增長具有不同的原因，公共支出結構也存在不同時期的變化規律，以此提出「發展階段增長理論」〔註21〕。

　　20世紀60年代公共經濟學進入發展熱潮，約翰森所著《公共經濟學》定義了公共部門的特征和範圍，將「公共經濟」定義為公共性質的政府經濟。之後馬斯格雷夫和皮考克出版了《公共財政經典理論》，哈伯爾出版了《現代公共經濟學》，創辦了公共經濟學學會和雜誌，以推動公共經濟學發展。70年代以布坎南為代表的學者在研究政治決策過程中運用了微觀經濟學方法，使公共選擇理論在方法上取得了重要突破。在著作方面有尼斯卡寧的《官僚主義與代議制政府》、霍夫曼的《公共部門經濟學》、布朗和傑克遜的《公共部門經濟學》等都對公共經濟的職能和必要性進行了進一步分析論述。80年代公共經濟學的研究總結繼承了原先的成果，有斯底格里茨的《公共經濟學教程》、威德森和保德威的《公共部門經濟學》以及菲爾德思和奧爾巴克的《公共經濟學手冊》等著作，使公共經濟學成為一門學科。進入90年代以後，公共經濟學借用信息經濟和博弈論的方法視角，在研究政府和市場關係中有了新的突破，出版了維克里的《公共經濟學》、邁利斯的《公共經濟學》和孟羅與科奈利合著的《公共部門經濟學》等著作，使這一學科更加豐富，並逐漸走向成熟。對公共經濟學的研究一開始關注點多在市場失靈問題，認為市場並不是萬能的，需要政府提供相應的補充，特別是扶貧、基本教育、衛生保健、公共安全、維持經濟穩定、財政和市政等方面，確保基礎設施和公共服務的提供。〔註22〕之後對市場和政府的辯證關係進行了更加深入的討論，「應當認識到，即存在著

〔註19〕Wagner, A. Three Extracts on Public Finance. In Classics in the Theory of Public Finance（1958）. R. A. Musgrave and A.T. Peacock eds. London: Macmillan, 1883.

〔註20〕Peacock,A.T.,and Wiseman, The Growth of Expenditure in the Kingdom, Princet on University Press, 1961.

〔註21〕R.A.Musgrave. Theory of Public Finance: A Study in Public Economy. McGraw-Hill, 1959.

〔註22〕Fischer, Stanley and Vinod Thomas, Policies for Economic Development, American Journal of Agricutural Economics 1990（11 August）: 809～841.

市場失靈，也存在著政府失靈」〔註23〕認為不僅市場機制需要補充，政府干預也同樣需要限制。因此研究的重點主要有兩個方面，第一個方面是政府與市場的關係，即哪些領域是政府應該進入的，哪些領域是應該放給私人經濟自由競爭的。公共物品的政府供給存在「搭便車」、「尋租」等問題，導致政府供給不經濟。因此政府與市場應該實行廣泛的合作，並根據公共物品的特性決定各方生產規模占比。〔註24〕全能型政府和純粹的市場都不應該成為公共物品提供的方式，而是應該實現多元化供給，使政府和市場相互補充。〔註25〕第二個方面是公共部門如何提高自身效益，減少政府失靈。公共部門與私人部門同樣追求效益最大化，而與私人部門不同的是，公共部門追求的是社會效益最大化，因此外部效應也被計算在內。如何降低公共部門運行成本，減少「公有地悲劇」的發生，這就涉及到產權的界定和保護。科斯、大衛·海鰻、查爾斯·沃爾夫等都對產權進行了評論分析，認為即使產權的明晰可以解決收益不明確的問題，但出於政治上的考慮，政府依舊該運用公共政策解決外部性問題。〔註26〕

對於公共經濟學研究的熱點問題和發展趨勢，斯蒂格利茨曾將包括國防、衛生、福利、教育和社會保障等公共部門問題稱作經濟學中最熱門的問題。從國內外相關研究成果數量中也可以看出基本符合斯蒂格利茨的預測，除財政收入和支出是持久不變的話題外，環境、教育、醫療衛生等也是學術界關注的熱點。

表格 0-4　2017 年國內外相關研究成果數量

相關問題	相關研究數量
外部性；再分配效應；環境稅收和補貼	162
政府支出和教育發展	154
政府支出和衛生健康	112
效率；最優稅收	105

〔註23〕〔美〕羅納德·科思著；陳建波譯：《財產權利與制度變遷》，上海：上海人民出版社；上海三聯書店 1994 年版，第 22 頁。

〔註24〕張振華：《公共產品供給過程中的地方政府合作與競爭——印第安納學派的多中心治理理論述評》，《西北師大學報（社會科學版）》，2011 年第 7 期。

〔註25〕張菊梅：《公共服務公私合作研究——以多中心致力為視角》，《社會科學家》，2012 年第 3 期。

〔註26〕〔美〕查爾斯·沃爾夫著；謝旭譯：《市場或政府》，北京：中國發展出版社 1994 年版，第 20 頁。

公共物品	79
社會保障和養老金	68
財政政策及公司經濟行為	60

數據來源：百度學術海量數據庫 http://xueshu.baidu.com/

我國於 20 世紀 90 年代開始陸續出現公共經濟學的譯作和著作，並在 21 世紀以來研究日益趨熱並漸入高潮，每年相關發文量基本都在 50 篇以上（見表格 0-5）。針對我國具體經濟問題而言，國內研究重點首先在財政方面，包括稅制的效率化公平化、中央和地方的財政事權、預算管理等；其次是公共和私人領域劃分方面，有公共產品的界定和提供方式，以及國企、事業單位改革等問題；再次是公共物品和公共服務的提供方面，醫療、教育、住房、社會保障等，特別是涉及居民收入再分配的補償問題等，都是近年來研究的熱點問題。由於在城市化過程中人口的增長和區域的擴大對公共物品和服務提出了更多的需要，就凸顯出政府和公共經濟的重要作用。

表格 0-5　國內公共經濟學領域逐年發文量統計表

年　份	1991	1992	1993	1994	1995	1996	1997	1998	1999
發文量	2	5	2	6	1	2	7	5	10
年　份	2000	2001	2002	2003	2004	2005	2006	2007	2008
發文量	19	27	32	34	43	53	63	74	60
年　份	2009	2010	2011	2012	2013	2014	2015	2016	
發文量	70	72	65	45	67	67	56	36	

數據來源：百度學術海量數據庫 http://xueshu.baidu.com/

3. 關於山西近代化的相關研究

對於民國山西的研究多為史志類成果，特別是一些資料整編，十分珍貴。如《山西文史資料全編》《太原文史資料》系列收集涵蓋了豐富的資料內容，《民國山西實業志》是舊版新編，《民國山西讀本》考察記、政聞錄、旅行集三本系列則載有梁思成、泰戈爾等學者的撰文，《閻錫山和山西省銀行》《民國山西金融史料》都是民國山西史料叢編。研究類成果方面，李茂盛主編的《民國山西史》以政治事件為主線詳細分析了民國山西的政局變動、省政建設、中共地方組織和戰爭事件。劉建生等著《山西近代經濟史 1840～1949》講到了民國時期山西的工業、農業、金融、外貿等情況，是體系較為

完整的研究成果。山西省地方志辦公室主編的《民國山西政權組織機構》主要考察了民國動盪時期山西政情、山西政區劃分演變以及組織機構的變遷。《閻錫山與西北實業公司》對閻錫山的官僚資本進行了探討，敘述了西北實業公司創辦過程及當時由此引申出錯綜複雜的社會矛盾。除此之外，閻錫山作為山西最高統治者，其政治主張和經濟政策很大程度上左右了山西經濟的發展，閻錫山的「村治」、「十年建設計劃」、「西北實業公司」等都是研究熱點問題，景占魁《簡論閻錫山在山西的經濟建設》、劉建生和劉鵬生的《閻錫山與山西商業貿易》都強調了閻錫山政治經濟主張對山西經濟的影響。另外，由下表所示民國山西的集市、煤炭產業、水政、交通、金融等都是研究熱點，而這些多與公共事業相關，只是並未以公共經濟的角度加以論述分析。從現有研究成果可見，對民國山西的研究仍然是以歷史角度敘述和分析史實的成果較多，而用經濟學角度和方法所研究的成果較少，特別是以公共經濟角度來研究山西近代化問題的成果較為鮮見。（見表格 0-6）

表格 0-6　關於民國山西的部分相關研究

作　者	篇　名	期　刊	發表日期
行龍，張萬壽	近代山西集市數量、分布及其變遷	中國經濟史研究	2004，（2）
龔關	明清至民國時期華北集市的數量分析	中國社會經濟史研究	1999，（3）
張正明	略論晚清和民國時期的晉煤外銷	經濟問題	1984，（4）
王社教	民國初年山西地區的植樹造林及其成效	中國歷史地理論叢	2002，（3）
李三謀	閻錫山在山西施行的水政	中國經濟史研究	1991，（3）
王夢慶	閻錫山與舊山西的經濟架構	生產力研究	2004，（4）
劉峰搏	民國時期「晉鈔」的發行及其影響	山西大學學報（哲學社會科學版）	2004，（5）
張正廷	山西省銀行片斷回憶	山西文史資料	1997，（1）
曾謙	近代山西的道路修築與交通網絡	山西農業大學學報（社會科學版）	2009，（2）
董江愛	民國初期山西地力和人力開發	生產力研究	2002，（6）
田樹茂，田中義	閻錫山與山西鐵路	文史月刊	1996，（1）
劉峰搏	民國初期「晉鈔」的發行述論	山西檔案	2008，（1）

梁娜，石濤	民國時期內地企業人力資源管理的過渡性芻論——基於山西斌記商行的個案研究	民國研究	2016，（1）

（三）已有研究成果的內容總結

從研究內容上來說，中國和外國的學者在對近代化的研究方面取得了較為豐碩的成果，對近代化各個方面都有涉獵，特別是將近代化研究從標誌轉向特徵的趨勢明顯，對民國山西的研究也逐漸增多。儘管在研究內容上已經有對交通、教育、公共衛生等方面的涉獵，但是從公共經濟整體來考慮近代化問題的成果較少。

從研究理論上來講，大部分研究成果都將重點放在歷史事件的描述，對於理論框架的應用與分析較少，特別是對公共經濟學前沿理論的涉及較少。如何借鑒經濟學前沿理論指導研究實踐，幫助中國近代經濟史研究上升到理論高度，同時也為前沿理論尋找我國特定歷史時期和特定環境中的適用檢驗，是目前研究所需要補充發展的。

從研究方法上來講，現有研究成果多以歷史研究的方法為主，實證研究較少。當代經濟學已經形成較為完備成熟的研究範式體系，經濟史作為歷史學與經濟學的交叉學科，應該結合二者之長，在豐富的史料基礎上，借助經濟學數理模型分析和假設檢驗分析等多種方法進行分析。吳承明先生所倡導的「史無定法」應該在近代化研究中有所體現和加強，運用多學科方法加深對中國近代經濟史的研究，深化和擴展近代經濟史研究的維度。

三、內容說明與論文結構

（一）重要名詞定義

陳啟修將公共經濟定義為強制的公共團體的經濟，即以維持公共團體生活，滿足公共團體需求為目的的經濟。其中公共團體是具有強制權力，對團體人員的進出施行強制控制的，具有共同目標的多數人團體。與一般共同團體的區別在於公共團體具有強制性，而學術團體、商業團體、公益團體等只有相對的命令懲戒權，無絕對的強制權。國家和地方就是具有強制權利的公共團體，國家經濟和地方經濟就是公共經濟。普遍所講的國民經濟則是個體、普通團體和公共團體三者需求利益經濟的總和。〔註27〕

〔註27〕陳啟修：《財政學總論》，上海：商務印書館1924年版。

公營事業是與私營事業相對立的，廣義的公營事業是公共團體所持有的公有資本所經營的包括金融、貿易、工礦、交通、水電、行政、服務等各方面事業，狹義的公營事業即公共團體經營的企業。文章第三章中所說的公營事業即為狹義的公營事業，或叫狹義的公共經濟。

公共事業是指負責維持公共服務基礎設施的事業。一般所說公共事業包括電力、供水、廢物處理、污水處理、燃氣供應、交通、通訊等。

統制經濟是一種公共團體所指定的經濟政策，「依據統制的字面解釋，這是人類在一指導意志下為獲得並使用生活資料所有的計劃行為，故又名計劃經濟……一般的所謂統制經濟是在國家指導之下的經濟計劃。」〔註28〕

（二）內容說明

本文以公共經濟為研究視角，以民國時期山西近代化為研究內容，以公共經濟理論和近代化理論為分析框架，試圖分析民國山西公共經濟發展情況及其對社會產生的溢出效應。

從研究視角看，以公共經濟為視角。隨著近代財政制度的建立，政府在經濟中的作用逐漸增強，政府能夠通過制定經濟計劃運用行政手段、法律手段和經濟手段對經濟活動進行干預，並逐漸建立起服務意識，承擔起建設公共事業的職能，特別是教育、交通、水電醫療等公共服務的提供，彌補了私人經濟對公共物品的供給不足。公共經濟的發展對社會經濟乃至人民生活都產生了一定的外部性作用，但由於政府對權利的控制，使得這些社會福利所產生的溢出效應大打折扣。

從研究內容看，以近代化為主要內容。近代是我國重要的歷史時期，是前現代化或早期現代化，在我國歷史上具有重要的作用。本文將經濟近代化作為研究的主要內容，考察近代化下政府職能的轉變，特別是政府對經濟的控制作用增強，推動了近代工業化，並帶動了近代教育、近代交通、近代醫療、近代城市等方面的發展，體現出近代化所具有的一些特徵。

從研究對象看，將山西省作為研究對象。民國山西在山西省政府的統治下，對外具有一定的防禦能力，形成一個相對獨立且較為穩定的社會環境，能夠自主制定經濟發展政策，有計劃的推動政策的實施，保持一定程度上政策實施的連續性和穩定性，使得政府公共經濟政策的制定和執行較為行之有效，並能根據社會經濟發展規律進行實際驗證，體現出公共經濟在我國發展初期所

〔註28〕周憲文：《中國統治經濟論》，《新中華》第 1 卷第 1 期，1933 年 8 月 10 日。

產生的經驗和教訓。因此本文將山西作為研究對象，以期探究山西省政府統治下公共經濟視角下的山西近代化發展。

從時間劃段看，以中華民國建立到抗日戰爭之前的 1912 年到 1937 年為範圍。這一時期中國社會政治上實現封建社會到資本主義社會的制度轉型，建立了資本主義政府，政府職能發生轉變，公共領域的管理和服務意識有了一定的增強，推動了公共經濟發展。經濟方面近代化步伐明顯加快，近代工廠如雨後春筍般產生，並經歷了較為曲折的發展過程；市場化程度提高，區域一體化進程加快，儘管存在地方上各自為政的現象，但各地之間的經濟聯繫始終呈現日益繁榮的景象。文化方面新文化不斷湧現，人們對公共經濟的認識逐漸增強，越來越多的學者將研究目光投入於此。社會方面，儘管地方紛爭不斷，但都處於內部鬥爭中，直至抗日戰爭的爆發打破了原有社會局面，打破了中國本身應有的發展趨勢和節奏。因此本文將研究範圍控制在 1912 年到 1937 年抗日戰爭以前，中國仍能自行選擇發展路徑的一個時期。

（三）論文結構

導論：闡述選題目的和意義，對已有研究成果進行梳理，說明分析框架和研究思路，對論文內容和結構進行簡要介紹，並提出創新與不足之處。

第一章：闡述了山西省不同時期的經濟發展政策和計劃，從「六政三事」到「厚生計劃」，再到「十年計劃」，山西省政府對經濟干預的範圍逐漸擴大，對經濟干預的力度逐漸增強，表現出政府在市場中的份額擴大，對市場分配的替代和控制程度加深。

第二章：分析山西公共資本的來源、分配和運行，以近代財政制度改革為起點，探討山西財政收入的來源、財政支出的方向、財政收支的平衡程度以及銀行資本的擴張，可見山西政府試圖採取擴張的財政政策和貨幣政策來刺激經濟發展，儘管在擴張過程中引發通貨膨脹經濟危機，但山西省政府始終沒有放棄擴張性政策，而是通過政策實施方法的調整來不斷增強對金融貨幣的控制，以期降低金融風險。

第三章：介紹山西公營經濟的發展，山西通過公共資本對經濟事業的投入，逐漸由早期公營公司的建立發展到公營事業的興盛，實現由以公共資本為主導、以公營事業為主體、以西北實業公司為載體的較為健全的工業經濟結構，實現了資本的集中管理，推動了近代產業轉型。

第四章：以公共物品理論為基礎，探究山西省政府作為管理者，對公共物

品的提供，特別是對能給經濟產生較大溢出效應的交通和教育事業的建設力度較大，而對醫療防疫、民用水電、社會保障、市政交通等關係民生的事業則投入較為不足，可見在公共物品的選擇上，山西省政府採取了以經濟效應為主的評價標準，而犧牲了一些應有的社會福利。

第五章：總體考察公共經濟發展對社會經濟產生的影響，民國山西公共經濟的逐漸深入發展，促進了公民素質和社會科技水準的提高、加強了市場的管控、推動了產業結構變遷，並對增加居民收入有一定成效，但在平衡收入差距方面則產生負的影響，並加深了社會矛盾，造成社會動盪。

結語：通過對山西公共經濟發展情況的分析，可以看出山西公共化程度呈現出逐漸加深的趨勢，受當時社會和經濟形勢影響，帶有自身特點，體現出強烈的政治統治意圖。這種資產階級政府推動下的公共經濟，以政治統治為目的，使得公共經濟不能完全轉化為社會福利，並滋生大量腐敗。

四、論文創新與不足

（一）創新點

第一，研究視角方面的創新。本文以公共經濟為理論基礎，以公共政策、公共收支、公營經濟和公共服務為研究視角，探索公共經濟在近代化中所起到的作用和所產生的影響，分析山西近代化發展下公共經濟的逐漸興起到程度不斷加深的過程。

第二，研究方法方面的創新。文章不僅運用了理論前沿熱點的公共經濟學分析方法，還運用了計量經濟學等經濟學研究方法，試圖以多角度宏觀考察山西近代化問題。

第三，史料方面的發掘。文章是以新發掘的九次《山西省經濟統計（正集／續集）》、九次《山西省人口統計》《太原指南》《山西調查記》等一手史料為基礎，許多史料尚屬初次使用。

（二）不足之處

第一，公共經濟學尚在發展當中，且民國時期尚處公共經濟發展初期，本文以公共經濟為視角考察民國山西近代化變遷，只是一種研究視角上和理論上的嘗試，且仍需進行更加深入的研究加以驗證。

第二，本文所使用的歷史史料和數據，一些為借鑒經濟史專著、經濟史資料彙編等相關研究，一些為作者在檔案館、圖書館等地收集到的一手史料，儘

管作者希望能夠用較為翔實的史料來實現研究的全面性與真實性，但限於精力和學術水準，難免存在資料完備性和鑒別方面的不足。

第三，國防作為重要的公共服務，是政府提供用以保護國土安全和居民人身財產安全的重要部分，也是民國時期地方政府重要的財政支出項目。但鑒於民國時期地方軍閥割據，紛爭不斷，各自備軍，且中央和地方貌合神離，難以將軍事作為經濟發展中的部分進行考察，因此在本文中未能涉及。

第一章　民國山西經濟發展計劃

　　民國初期農村自然經濟和城市手工商業經濟已經在外貨傾銷之下逐漸解體，開放的國內市場對充滿競爭力的外來商品沒有多大的抵抗之力，私人經濟難以保全發展。山西省情況也無大異，「辛亥之亂，商人失業而歸，工業不振，洋貨幾遍全省，加之鴉片、嗎啡等項暗中消費年達千萬左右。幅員雖廣，耕作地僅有五十萬頃，人口雖有千萬以上，無生產力之女子已去二分之一，男子老幼待人事畜者，又去四分之一，其能從事生產業者，不足四分之一。特前此兩千萬之歲收，歸為烏有，而反加以消費千萬元焉，則國民經濟焉有不顯恐慌之景象乎？」〔註1〕可見當時山西省一方面受晉商沒落影響，在外經商者大量返晉，形成消費群體。另一方面省內生產力不足，外貨傾銷擠壓省內市場，消費市場上充斥著眾多外來商品，導致貨幣流出嚴重，國民經濟恐慌。面對這樣的社會狀況，要想解決歸商從業問題，提高工商業競爭力，抵制洋貨傾銷，單靠私人經濟已十分困難，政府力量介入成為保護地區經濟的重要手段。

　　政府與市場的相互關係放在特定的社會經濟背景中才能得以理解和分析，政府與市場的關係歸根到底就是經濟體制的選擇問題。〔註2〕政府與市場在既定的社會中發揮作用，需要結合一定時間範圍內具體的社會環境特點進行分析選擇，政府與市場關係的確定表現為經濟體制的制定應當與經濟、政治、社會、文化等因素加以有機結合。基於此山西省政府就當時山西經濟發展情況制定了一系列經濟發展計劃政策，試圖通過行政干預重振山西經濟。在發展經濟過程中，近代中國市場的局限性逐漸體現出來，任其發展勢必會擴大在

〔註1〕陳希周：《山西調查記》（卷上），南京：共和書局1923年版，第64頁。
〔註2〕黃新華主編：《公共經濟學》，北京：清華大學出版社2014年版，第297頁。

國際貿易中的剪刀差，使中國經濟進一步淪為世界市場的附屬品。市場的傾銷與競爭成為當時阻礙新興經濟成長發展的重要因素，因此在經濟發展政策的制定中，山西政府採取了越來越強的干預手段，所指定的計劃越來越具體，對市場的控制逐漸加強，走上統制經濟體制道路。

第一節　六政三事

民國處於傳統經濟向近代經濟過渡階段，農業作為傳統經濟中的基礎產業，在國民經濟中的比重雖有減少，但依舊占財政收入大半。加之商業方面受晉商沒落影響，大批在外經商的晉籍商人破產歇業，重返故土，導致山西財源大減，大量商業勞動力返晉。為此，山西省政府認為商人失業，商業凋敝，要重振山西經濟，就一定要從基礎農業著手，要改善山西經濟，首要挽救農業經濟。基於此，山西省政府在 1917 年擬定《興利除弊施政大要》，頒布了針對農村、農業興利除弊的「六政三事」，即水利、種樹、蠶桑、禁煙、剪髮、天足為六政，種棉、造林和畜牧為三事。將原考核禁煙成績處改組為六政考核處，並頒布一系列相關訓示、規定、法令，明確規定獎懲辦法，對六政實施情況進行監督考核，作為地方政府政績的重要參考標準。1918 年將農商部所管轄之財政支出預算由原先的不到 2 萬元提升至 8 萬元之多，六政三事在全省範圍內得到進一步推廣。

一、「六政三事」之具體措施

「嘗謂籌補生計多端，大要不外地力與人力二者而已。」〔註3〕六政三事主要是針對農業發展而言，對土地進行了較為全面的規劃，對有限的土地進行充分利用。

首先，要發展農業須解決農業用水問題。當時山西水利設施雖然也有一些，但多荒廢，亟待疏通。政府組織編制《山西水利計劃案》，繪製全省管道圖表範式，設計鑿井和修蓄水池，建設新渠的同時將廢棄舊渠加以修補恢復。為激勵各縣公辦水利，向各縣提供水利貸款，地方只需將水利計劃和用處及其預算申報審核後，即可向山西省銀行申請貸款，月息僅 6 釐，兩年還清即可。為保障計劃案實施，制定了明確的獎懲制度，獎勵積極興辦水利、建設水利公

〔註 3〕閻錫山：《六政宣言》，1917 年 10 月 1 日。

司的人員，懲治把持和阻撓地方水利或從中牟取私利的人員。在計劃案積極推動下，各地興修水利熱情高漲，成效顯著。

另外，在適宜地區推動桑樹種植，發展桑蠶事業。省政府編制《山西蠶桑進行計劃案》，由農桑總局採購桑籽，分發各縣進行育苗，向各縣派出技術人員輔佐種植，並支付地方種植桑樹所需費用。各縣根據技術人員指導種植，並按計劃按規定完成相應畝數，費用不需攤解。另外，農桑總局還向全省發放桑苗，收取輔助費每株制錢 2 文，建桑樹萬餘株。第一期育苗 3,000 餘畝，成苗 1 億多株，發放民間種植能種桑田約 1,560 餘萬畝。除發放桑苗、桑籽外，為推廣技術積極培養人才，調動原本無生產力之女子，於 1919 年在各縣成立女子蠶桑傳習所，對 15～40 歲的有一定文化的女性進行培訓，教授蠶桑技術。1922 年頒布《女子蠶桑傳習所章程》，招收速成班、實習科、高等科等不同等級學員，以應對不同文化水準的女性。實習科旨在幫助學員謀生計，幫助家庭經濟。高等科學員畢業後則能到各縣女子蠶桑傳習所任教，或到其他女校任教。

除蠶絲外，棉花也是重要的紡織業原料，是具有高附加值的經濟作物。山西省政府推廣棉花種植生產，頒布《山西棉業逐年計劃案》，開設試驗場，進口美國棉籽，並加以培育。棉籽採取先發放後售賣的形式，先向各村發放棉籽，農民種植後棉桃花絮大，質量高，來年便紛紛購買棉籽。為幫助農民提高種植技術，派專業技術員下鄉村進行指導，教授農民種植棉花的方法，畝產子棉達到約 100 多斤。為提高農民種棉積極性，以 3,000 元大洋為獎金舉辦棉花大賽，在省城比試各縣種植棉花品質。該大賽不僅獎勵完成種棉計劃的縣級、村級地方，還對種棉能手個人加以獎勵，如 1927 年山西省棉業展覽上便有王子瑾、范如崗等六人因種棉質量較優，各贏得大洋 10 元的獎勵。

在不能種植桑樹、棉花及糧食作物的荒山、荒地、宅旁、道口、河畔、院角等處，通令各縣栽種樹木，制定《山西林業逐年計劃案》，要求一人一樹作為標準，優先栽種桃李梨杏棗等果樹，若不適宜栽種果樹，也要栽種普通樹木。成立縣級林業促進會，督促幫助縣植樹造林，對種樹成績優越的給予獎勵，對於損毀樹木的處以罰款。專門建立預備林區，進行林苗培育和造林指導。成立林業傳習所，公布《林業傳習所簡章》，招收高等小學或乙種農業學校畢業生，學費、食宿及服用皆由大林區署財政開支供給，傳習生畢業後，直接作為技術助于分派到省七個小林區署，成為林業技術員。

還有部分不適合種植經濟林木的土地，特別是北方的朔州、大同等地，則

利用其草場發展畜牧業。提倡當地農民養羊，將所產羊毛作為毛製品原料。為此，專門設立模範牧場，引進澳洲種羊 600 頭，進行繁殖培育，向各縣推廣。

　　山西由於地處內陸，受外來先進思想影響較晚，舊俗陋習較多，封建小農思想根深蒂固。對於男子留辮子和女子纏足的陋習，以勸導方式為主，破除舊習，做到完全禁絕。特別以公務人員為先決表率，並對各縣剪髮事務進行評比，完成較好者給予獎章和記功獎勵，對於不能按期完成者處以減俸和記過處分，並對民眾配合且宣傳者給予表彰，對造謠惑眾者進行處罰乃至法辦。各縣成立天足會，年滿 20 以上的男子均需入會，對其家屬負責。規定未纏足的不准纏足，已纏足的即行解放，35 歲以上婦女不能解放的不准再用木料作為鞋底，對積極配合的女子及其家主男子均予以獎賞。另外就山西吸食鴉片的情況，採取禁止種植、販賣和吸食的措施。在各縣設煙癮鑒定所和煙後病所，幫助戒煙，對不予配合的煙民進行強制戒煙。

二、「六政之事」之建設成果

表格 1-1　山西棉田逐年增加比較表〔註4〕

年　　度	棉田畝數	增長指數（%）
1918	272,300	100.00
1919	486,000	178.48
1920	853,700	313.51
1932	1,166,614	428.43
1933	1,499,622	550.72
1934	1,775,620	652.08

　　六政三事的重點在於「除舊立新」，對新的經濟作物、新的社會風氣予以宣傳推廣，以讓百姓接受為目標，實施力度較強，推廣速度較快，影響範圍較大。實施之初的前三年 1917 到 1919 年，地方歲出就從 84 萬漲到了 238.4 萬。政府的財政投入和制度化管理，為政策的推行提供了良好的條件，財政投入保證了建設六政的經費，而制度建設則對各級工作人員進行了規範，明確的獎懲也對行政者有強烈的激勵和約束，保證了資金流入建設，減少尋租等資金的損失，建設效果較為明顯。在水利方面，到 1919 年全省水渠增加了165 道，覆蓋田地 71.4 萬畝，水澆地增加 120 餘萬畝，仍有 140 道仍在建設，

〔註4〕數據來源：全國經濟委員會：《山西考察報告書》，1936 年版，第 300 頁。

預計能灌溉 70.42 萬餘畝土地。另外逐漸疏濬廢渠 77 道，計劃疏通後能灌溉 28.41 萬畝土地。1923 年全省共開渠 504 道，灌溉 199.55 萬畝土地；鑿井 17,862 眼，能澆灌 7.74 萬畝土地；興修蓄水池 8 個，滿足 800 畝土地的用水需求。特別是由省屬撥款開鑿的「北三渠」、「己巳渠」和修復的「天一渠」規模較大。1925 年水田增加 550 萬畝，占全省耕地總面積的 9%。在種植方面，種植桑樹 1 億多株，其中晉中、晉南地區蠶桑發展勢頭強勁，如介休縣初期規定每縣設蠶桑試驗場 10 畝，到 1920 年需求大增擴大至 90 畝之多。安澤縣蠶桑業也逐漸興盛，每到收貨季節，吸引大批商販到安澤收繭繅絲。全省棉田畝數由 1918 年的 272,300 畝增長到 1920 年的 853,700 畝，進而增長到 1934 年的 1,775,620 畝，增長 6 倍以上（見表格 1-1），棉花產量由 1,770 餘萬斤增加到 3,761 餘萬斤，靈石縣僅 1927 年就種棉 151 頃，年產皮棉 563 擔。太谷縣也一改往日只種五穀附帶瓜果蔬菜的傳統，「種樹、種棉之利頗有起色。加之穀價有增無減，農民薄有田產者，生計稍裕，而服飾器用之費亦因之增加」〔註5〕。全省種植其他樹木 5,000 多萬株，1918 年到 1921 年種植面積從 5,299 多頃增長到 8,761 多頃。1920 和 1921 兩年完成造林 4,000 多萬頃。其中整理土地、山林、礦產、水利收入後皆作為縣村級地方公營事業經費款項。在民風方面，女子纏足已較為鮮見，15 歲以下女子一律不再纏足，男子辮髮也基本不復存在。煙草種植和運輸、販賣等情況已有較大改善，吸食大煙情況有所好轉，但並未完全禁絕，取而代之的是官辦禁煙處的戒煙藥餅藥丸等。

第二節　厚生計劃

在「六政三事」穩步推行下，山西農業有了較大改善。在此基礎上，山西省政府著眼於工業發展，以「盡山西所有以發達山西，以山西全省之力厚山西民生」〔註6〕為口號，1925 年提出更為完善的「厚生計劃」，即「發展實業六大計劃」，分別為「煉油計劃案」、「煉鋼計劃案」、「機器計劃案」、「電氣計劃案」、「農業計劃案」和「林業計劃案」。「厚生」一詞取於「正德、利用、

〔註5〕山西省地方志辦公室編：《民初山西六政三事》，北京：方志出版社 2016 年版，第 4 頁。

〔註6〕臺灣閻伯川先生紀念會編：《民國閻伯川先生錫山年譜長編初稿》（二），臺灣：商務印書館，1988 年版，第 612 頁。

厚生」，稱「正德是以德顯能，利用是以物養人，厚生是發達物質，亦即美善人生。實業即為經濟，經濟亦即厚生也。」〔註7〕由此可見這項計劃重點在於經濟建設，與興辦實業不同，厚生計劃在於厚利民生，宣稱著眼於人民生產和人民使用，而不在於謀求經濟利益，與公共經濟追求社會福利最大化的目標相吻合。因而各項事業多期望能在全省推而廣之，解決原先自給自足的家庭經濟蕭條的問題，使家庭能重新拾業，謀求生計。

一、「厚生計劃」具體內容

「厚生計劃」中，山西農業計劃和林業計劃均承襲「六政三事」，在「六政」得以順利進行，桑、棉、林、牧等都已達到一定規模的基礎上，通過制度建設和技術改進，追求農業畝產量增加、農業生產效率提高。晉省「耕地原屬佳良，只以多年肥料瘠薄，未足補償地力，遂致土質漸壞，生產漸少，每畝之收穫額，尚不及東西各國三分之一。本計劃案欲以科學方法，使土質變肥，產品增加，地利盡而財用富也。」〔註8〕可見土地貧瘠是山西農業的一大問題，為了提高農田畝產，提高土壤含水量和肥力，山西省政府制定了水利計劃、肥料計劃。並制定農事試驗場計劃對改進農業生產技術進行試驗研究。水利方面與「六政」之中的水利建設不同，「農業計劃案」中的水利計劃是以山西水利局為主導，從制度建設出發，制定水利法、調查水源並量取水量，依託制度管理，從水利調查研究結果為出發點，將水利工作科學化、有序化、制度化，提高水利建設效率，增大水利覆蓋面積。肥料計劃分三期，逐步建立以獸骨為原料的骨粉肥料廠、以麥禾等穀物為原料的晉南晉北肥料二廠，和以應用磷礦石硫化鐵等礦物為原料的化學肥料廠，以期實現肥料的低成本生產供應。農事試驗場計劃將全省分為南、北、中三區，選取代表性氣候土壤條件的地點分設農業試驗場，研究包括農具改良、農藝改良、種植改良、病蟲研究等農業改良方法，以期推廣，提高山西農業生產率。

「林業計劃案」是在山西水土流失嚴重和山地產權不明晰的背景下制定的。因自給自足的農耕經濟對種植業較為重視，一方面將林地開墾為耕地，「摧殘林木，墾種山坡，以致山坡上之土壤盡為雨水沖刷，同時河流變為急湍，砂

〔註7〕徐崇壽：《解放前閻錫山的重工業建設》，載於中國人民政治協商會議山西省太原市委員會文史資料委員會編：《太原文史資料》（第15輯），太原市政協文史資料委員會1991年版，第20頁。
〔註8〕李茂盛主編：《民國山西史》，太原：山西人民出版社2011年版，第114頁。

礫擁塞河身，材木之供給告罄，水旱之災殃頻繁」〔註9〕，另一方面山林缺少實際的主人，無人保護，「普通人民，對於農田，尚知畝壟之多寡，及畦沿之分割。而對於山地，則漫然無知，即對於其所有權之分界及買賣，亦無相當之法規。」〔註10〕在此情形下「公有地悲劇」導致林業資源濫砍亂伐嚴重，造成林地破壞，水土流失。因此為避免這一情況，首先要對林業資源建立明晰的產權，對林業用地位置、面積、坡度、地勢等進行測量，並就所有者土地和林木進行登記，政府給予保護。根據所登記內容，定期按登記簿巡查，獎勵造林，懲罰亂伐，對不按要求造林者課以重稅。產權制度能夠保護造林者利益，提高造林積極性，使造林計劃有了一定的制度保障。在此基礎上，造林計劃以實現可持續的林業資源供應為目標，通過造林提高林業儲備，並期望能在人造林長成之後帶來持續收益。1925 年開始第一期造林 14 萬畝，預計到 1943 年期滿後可每年伐 7,000 畝，期望年收入 75.6 萬元；第二期造林從 1935 年起造林 84 萬畝，預計到 1954 年期滿後可每年伐木 42,000 畝，期望可年入 450.9 萬元。

機器計劃案是近代工業發展的基礎，山西擁有豐富的自然資源，但「只因改進無法，捨機器而不求，遂致原料日益輸出，精製品日益輸入，海關貿易，年虧至 3 億以上；然此猶屬有形之損失，而無形之中，利源涸歇，皆機器未能振興之過。」〔註11〕在貿易中，由於山西生產力水準較低，僅能生產低附加值產品而遭遇貿易中的「剪刀差」，造成利潤損失。因而亟需提高工業化水準，發展機械工業，提高生產能力，扭轉貿易劣勢。不論是農業、水利、礦業交通或製造業的改造和發展都是以機器為基礎，山西近代經濟若要發展，必須以機器工業為前提。機器工業發展的目標是實現機器生產方式的推廣。首先是「普遍之小規模鄉村式」，即將機器用於家庭之中，家庭成員合作便可使用機器進行生產，期望小規模使用機器以提高家庭收入並避免勞資糾紛的社會問題。其次是農工互助，生產機器作為改良農田、水利的工具，促進農業生產，而農業產量的提高又可反過來供應工業原料，相輔相成，並行發展。一項先進的生產離不開技術的引入，而技術除了機器設備外，歸根到底是附著在人力資本上，由技術人才發揮作用在機器設備之上。機器計劃案分兩期進行，第一期建設育

〔註9〕任承統：《山西林業芻議》，山西旅京學友會，1929 年版，第 1 頁。

〔註10〕任承統：《山西林業芻議》，山西旅京學友會，1929 年版，第 12 頁。

〔註11〕徐崇壽：《解放前閻錫山的重工業建設》，載於中國人民政治協商會議山西省太原市委員會文史資料委員會編：《太原文史資料》（第 15 輯），太原市政協文史資料委員會 1991 年版，第 20 頁。

才機器廠，用於培養人才並研究改良機械，第二期對第一期培養和改良的成果進行推廣，建設經濟機器廠，供應全省工業、農業和家庭所用機器，期望每日出產普通機器 10 臺，以期在全省範圍內推廣機器生產。當時制定的目標是山西每村都能有機器 10 臺，村村有工廠，家家能生產。育才廠預計投入 19.68 萬元，經濟機器廠預計投入 108 萬元，兩廠共 127.68 萬元，投入生產即可銷售產生營業收入，按照該計劃不取利的構想，其利潤應全部投入兩廠擴大再生產，以促進機器盡快普及。

「煉鋼計劃」案是為滿足山西機器工業對鋼材的巨大使用量，鋼材作為重要的工業原料是工業發展必不可少的條件之一，這一原料長期依賴進口，昂貴的價格成為山西近代化建設中掣肘之項，而若在山西本地煉鋼，則可借助煤炭資源豐富這一燃料優勢，降低煉鋼成本。要發展煉鋼計劃，同樣先是人才的培養，計劃先設育才廠培養鋼鐵工業人才，繼而設經濟廠供給本省鋼鐵，經濟廠下設製鐵、製鋼、鋼軌和電機 4 個部門，製鐵和煉鋼部分別以日產 40 噸生鐵和 40 噸鋼為標準，鋼軌部則以 40 噸鋼軌為標準，電機部則負責供應全廠電氣需要。育才廠建設所需經費約 23.6 萬元，經濟廠所需費用約 127.5 萬元。預計以鋼鐵每噸 100 元，成本 40 元計算，可以當即產生利潤每噸約 60 元。

「煉油計劃案」同樣是就當時山西近代化發展中用油全部依賴輸入的問題而設。民國山西用油不再局限於油燈所用，而是擴展到汽車、飛機和近代工業當中。山西僅工業建設所需，每年輸入煤油約 18,000 噸左右，約合 388.8 萬元。就此山西省政府期望依靠山西盛產煤炭資源的優勢，借用德國煉煤取油的技術，從煤炭中煉取煤油、汽油等，以改變用油全賴進口的局面。通過計算，預計需要建成平均年產 720 噸以上的煉油廠 25 個，才能覆蓋山西本省用油。但礙於地方政府財力有限，僅計劃每年撥款 30 萬元資金，先為試驗發展，之後再逐年增加。初次建廠預計每日煉紅油 6 噸，每年按 300 日計則有紅油 1,800 噸；再由紅油煉製煤油和汽油，約得煤油 360 噸，汽油 360 噸，加之機器油、瀝青、焦炭等產品，預期年營業收入 21 萬餘元。

電氣計劃案旨在將電氣效用普及到各村，成為民眾使用機器進行灌溉、務農及家庭工業的原動力，同樣號稱不以盈利為目的，將發電定價為維持公營的成本價。預計投入 304 萬元，開設 15 個電氣廠，合計發電 8,500 千瓦特。但這一計劃耗資較大且因不盈利，故計劃最後說明「茲僅就山西目下可能之經費，作 15 廠辦法之估計，不過權宜之計劃。有志實業者，其大為留意，是翹

盼也。」〔註12〕

二、「厚生計劃」之評價

「厚生計劃」作為經濟發展的長遠規劃，儘管受到一些因素制約影響，在計劃實施中許多目標未能實現，但其對山西經濟依然有重要的基礎性意義。

首先，建立了山西近代化工業基礎。「厚生計劃」較為側重的重工業，使基礎工業得到了較好的建設，特別是機器、煉鋼、煉油三大基礎工業，為山西工業的發展提供了設備、原材料和燃料，為其後各項工業的發展乃至西北實業公司的建立和發展都奠定了基礎，使山西工業能夠自成體系，成為山西經濟發展的重要基石，成為真正意義上山西近代工業的肇始開端。

其次，「厚生計劃」的實施直接推動了山西公營事業的發展，在此期間山西省政府出資籌建的育才煉鋼廠、育才機器廠、育才煉油廠等一系列公營或公私合營廠礦企業發展起來。1925 年山西軍人煤礦作為鋼鐵和煉油的配套工程開辦。1926 年山西火藥廠建成。1917 年全省僅一家電燈公司，發電設備僅 60 千瓦，1928 年發展到 8 家發電廠或電燈公司，總髮電量達到 8670 千瓦。〔註13〕

再次，「厚生計劃」改變了山西油料、鋼鐵依靠進口的狀況。煉鋼廠至抗戰前夕已發展為全國僅次於瀋陽的最大煉鋼廠，所產鋼鐵用於同蒲鐵路的修築，以質優價廉著稱，不僅滿足省內建設，還行銷全國。於 1921 年開設太原煉油廠，後逐漸擴大規模、添置設備，到 1933 年已建成 36 個煉油廠，遠超過原定 25 個廠的計劃，到 1936 年增加到 41 個煉油廠，每年出產的油料除了供應正太、同蒲兩大鐵路和應西北實業公司各廠所需外，軍隊和民眾的需要也能得到滿足，還有結餘可輸出鄰省，賺取貿易收入，彌補貿易差額。原先民用燃油所依賴的美孚與亞細亞兩家美國企業供應油料市場份額不斷被擠壓，最終完全退出山西市場。「厚生計劃」的實施成為山西近代工業發展的基石和支柱，為山西擺脫對外經濟依賴、實現經濟獨立奠定了基礎。

再其次，從制度角度講，「厚生計劃」擴大了政府對經濟的計劃控制範圍，從農業領域擴展到新興工業領域，使經濟在政府力量支持下突破市場所

〔註12〕徐崇壽：《解放前閻錫山的重工業建設》，中國人民政治協商會議山西省太原市委員會文史資料委員會編：《太原文史資料》（第 15 輯），太原市政協文史資料委員會 1991 年版，第 20 頁。

〔註13〕景占魁，劉欣主編：《山西財政史・近現代卷》，太原：山西人民出版社 2005 年版，第 178 頁。

設置的進入壁壘，有計劃的進入機械、石油、鋼鐵這三大基礎產業。當時山西近代工業尚屬起步階段，外有強貨傾銷擠兌，內有資本分散、銷售困難的問題，且自身工業技術和能力有限。政府所採取的經濟計劃方式和干預經濟手段，在外有傾銷、內有生產能力不足的情況之下，彌補了市場經濟缺陷，使山西在原本不利的市場競爭中取得有利地位。

第三節　山西省政十年建設計劃案

在俱備了一定的農業和工業生產基礎後，山西省政府著手制定更加詳細、系統的「省政十年建設計劃案」，試圖將全省經濟資源進行整合，並由政府參與經營發展。為順應國際經濟思潮和國內經濟形勢，山西省政府施行統制經濟政策，來加強政府對經濟的管理和控制，提高政府在資源配置中的能力和範圍。

一、「十年計劃案」實施背景

19 世紀 30 年代世界出現經濟大蕭條，美、英、法、日等國都陷入危機之中，並波及殖民地、半殖民地國家，從各國工業和農業生產領域擴散到商業領域，乃至信用和流通領域也出現困難，生產水平銳減、失業驟增，世界貿易下降了 61.2%，銀行倒閉、貨幣貶值。政治上受經濟危機影響，國家之間的競爭日益白熱化，德、意等國民族情緒強烈，殖民國家與殖民地之間的衝突不斷，第一次世界大戰之後形成的國際格局矛盾日益顯露，世界形勢動盪，新的世界大戰一觸即發。在這種背景下，資本主義國家為了轉嫁經濟危機，加緊了對中國的商品傾銷，僅 1932 和 1933 兩年就向中國輸入大米、小麥、麵粉達 4000 萬擔以上，汽油、汽車、五金等工業用品也充斥著中國市場。另外，還擴大對中國的資本輸出，1930～1936 年包括貸款在內的各國在華投資平均年增長高達到 1.3 億美元。〔註14〕

在經濟危機下，西方出現了反對自由經濟的思潮。「在經濟形態為突變之前，世界各國無不取自由放任之形態……國家僅在一般市場經濟中劃出極小之範圍，營以課稅為主之公共經濟生活……今各國既皆先後實施統制經濟之

〔註14〕（美）費正清、費維愷：《劍橋中華民國史》（下卷），北京：中國社會科學出版社 1994 年版，第 491～492 頁。

政策。」〔註15〕主張政府干預經濟的凱恩斯主義受到推崇，各國紛紛實行統制經濟或計劃經濟，加強政府在經濟領域的控制，擴大公共經濟範圍。這一思潮傳入中國，引起了激烈的討論，有學者認為「要反抗國際帝國主義者有計劃的侵略，我們當然得集中所有的力量，即實行統制經濟，以求死裏逃生」〔註16〕，實行統制經濟可以「對內復興農村，對外抵禦經濟侵略」〔註17〕。也有學者認為中國當時政治不統一、政府不強力，實行統制經濟「平準物價，調劑金融，救濟失業，均不能辦，至於改良稅制，涵養稅源，更講不到。考其癥結所在，實由財政無辦法。」〔註18〕由於統制經濟有利於政權的集中，得到統治者的推崇。蔣介石、宋子文、陳公博、吳鼎昌等都主張實行統制經濟政策〔註19〕，認為中國由於社會組織等問題，統制經濟可能見效遲，但這更加需要政府統制經濟，擬定整個經濟計劃。國民黨政府踐行這一制度，以建設委員會、實業部、全國經濟委員會和資源委員會為組織，籌備並執行全國建設計劃。

　　於此同時，山西省在 20 年代「厚生計劃」發展下，具有了一定的經濟基礎，財政收入和人民生活水平都有了一定的提高。然而由於 1930 年捲入中原大戰，大量發行晉鈔以籌措戰爭經費，造成大規模貨幣貶值，從內部引發通貨膨脹經濟危機。再加上戰爭失敗，損失慘重，閻錫山也被逼失去山西控制權，由張學良代為管理山西事務。許多原有產業受到疊加打擊，生產嚴重受損。1931 年閻錫山重回山西執掌政權之後，意識到戰爭對經濟所產生的摧毀性破壞，將主要精力重新放回到經濟建設上來。在對之前建設進行反思的基礎上，認為要鞏固政治權利，發展省內經濟，需要先訂立整個周密計劃，即將省內政治經濟資源進行整合，按照統一的規劃進行資源配置，並按照既定的部署逐步落實，如此便能保障經濟建設的穩定，降低經濟危機風險，鞏固自身的統治權力。制度是土地、勞動和資本得以結合發揮功能作用的載體，山西積極響應民國中央政府的統制經濟主張，首要工作就是編訂《山西省政十年建設計劃案》，實行統制經濟政策，實際上就是經濟的集權化，設置太原經濟建設委員

〔註15〕　萬豫夫：《中國實施統制經濟政策之商榷》，《銀行週刊》第 19 卷第 1 號，1935年 1 月 15 日。
〔註16〕　周憲文：《中國統制經濟論》，《新中華》第 1 卷第 15 期，1933 年 8 月 10 日。
〔註17〕　《國聞週報》，第 10 卷第 40 期，1933 年 10 月 9 日。
〔註18〕　諸青來：《中國能否實行統制經濟》，《銀行週刊》第 18 卷第 47 號，1934 年 12月 4 日。
〔註19〕　陳勇勤：《中國經濟思想史》，鄭州：河南人民出版社，2008 年版。

會作為統制經濟機構，下設經濟統制處制定和管理具體經濟事務。

　　《山西省政十年建設計劃案》的實施是在「厚生計劃」的建設成果下制定的，農業和工業基礎的形成是十年計劃的經濟基礎和經費來源。建設經費方面屬於政治建設經費和經濟建設中的行政經費，由省政府出資，部分金額來自於財政預算劃撥，部分金額來自於各項行政實業收入和整理土地、山林、礦產、水利的收入，另外還動用一部分軍費結餘進行補充。屬於生產保護方面的費用由太原綏靖公署負責籌措，並交由太原經濟建設委員會專門用於保護省公營事業。「表格 1-2　山西省保護生產費分年按月籌集表」中可見，保護生產費用從第一年每月 10 萬元開始，每年按月籌集金額增加 5 萬元，10年生產保護費共 3,900 萬元。公營經濟經費最低籌集目標為 6,000 萬元，期望籌集 1 億元，其中由省財政廳負責 42%，即最低 2,520 萬，經濟建設委員會承擔 28%，即最低 1,680 萬元，其餘 30%即 1,800 萬元由實業借款和公債予以補充。

表格 1-2　山西省保護生產費分年按月籌集表 [註20]

年　別	按月籌措金額（萬元）	年　別	按月籌措金額（萬元）
第 1 年	10	第 6 年	35
第 2 年	15	第 7 年	40
第 3 年	20	第 8 年	45
第 4 年	25	第 8 年	50
第 5 年	30	第 9 年	55

二、「十年計劃案」實施內容

　　1933 年山西省政府頒布了《山西省政十年建設計劃案》，該計劃相比之前涵蓋產業範圍更廣、計劃更周密，該計劃的目的是「在政治上，改善現行政治，完成地方自治，以樹立民主基礎；經濟上，增加人民生產，發展公營事業，使十年後全省人民每人每年平均至少增加二十元生產價額之基礎。」[註21] 以期使社會經濟工作開展的更加有效，實現有效的社會治理，扭轉貿易入多出少的狀況，建設適應工業化的農業，最終使山西省成為一個重要的工業區域。前三

〔註20〕數據來源：山西省政設計委員會：《山西省政十年建設計劃案》，1932 年版，第 6～7 頁。
〔註21〕山西省政設計委員會：《山西省政十年建設計劃案》，1932 年版，第 2 頁。

年以政治作為中心，確立民主基礎，掃除政治障礙，為經濟建設建立良好的社會環境；後七年以經濟作為中心，以實現省內自足，減輕山西省對外依賴程度，提高經濟自主性為主要目標。結合山西自身的特點，依託煤、鐵資源優勢，考慮地方分區自然環境，制定適合山西的工農業計劃以推動山西工業區的建設。

「十年計劃案」原則上實行生產政治，即用政治的力量開發生產、扶助生產、保護生產。政府協助新興工業建設，並用政府干預對經濟進行調節，獎勵發明、改良，並對所得利益予以保護，必要時對商品規定價格，以求經濟按計劃平穩發展。生產政治從根本上講，首先是通過政府行政權力，頒布法令、制定政策措施等形式，對經濟活動進行干預和引導，即用行政手段調節經濟。其次是理論必須合理，方法必須經濟。民國山西經濟與全國有相似之處，即處在近代化變遷的破舊立新之中，又有其獨特的資源優勢和文化技術的不足，因此在規劃中力求借鑒其他國家和地區的先進理論經驗，並結合自身情況制定發展計劃。另外為最大可能節約建設成本，在有限的資本投入下，要重點培養少數企業，使其實力強大，可向外輸出；又要進行普遍建設，完善產業結構，以增強經濟自我保護能力，抵禦外來傾銷。

表格 1-3　興修鐵路計劃表〔註22〕

年　別	籌集投資額 （萬元）	各年所修路程 （公里）	預計獲利 （萬元）	獲利增修路程 （公里）
第 1 年	352	293	──	──
第 2 年	416	346	──	──
第 3 年	400	333	35.2	29
第 4 年	300	250	76.8	64
第 5 年	300	250	116.8	97
第 6 年	300	250	131.8	109
第 7 年	200	166	146.8	122
第 8 年	200	166	161.8	134
第 9 年	100	83	171.8	143
第 10 年	100	83	181.8	151
總計	2,668	2,220	1,022.8	849

〔註22〕數據來源：山西省政設計委員會：《山西省政十年建設計劃案》，1932 年版，第 36～37 頁。

　　「十年計劃案」具體內容中詳細規定了政治方面的廉潔政治、革新警政、完成地方自治。經濟方面繼續推動農業發展，特別是推動棉花、煙葉、桑樹、林業、畜牧（養羊和奶牛）等經濟作物和牲畜的種養，進行農具、作物、肥料、耕作方法的改良，並獎勵推廣合夥耕作制度。礦業方面因面臨運費高昂影響銷路的問題，認為當時並無擴大開採量的必要，而是將重點放在改進技術、改善管理、降低成本上，另外提倡省內各廠礦分採合銷，以減少競爭所導致的生產者剩餘減少，並通過合銷增強市場影響力，提高競爭力和談判能力，以呈請鐵道部降低運費。工業方面特別提出基礎工業要由政府先行創辦，以為其他工業奠定基礎。在工業項目選擇上要貼合山西省省情，從本省原料和本省需求為出發點，提倡科學管理，獎勵發明，並提倡基層工業，即縣村或家庭小規模工業。商業方面首要設立省貿易機關，實施貿易統制，發展貨棧、運輸業，對外貿輸出實行優待政策，即進行「出口」補貼，獎勵輸出。交通方面提倡私人投資鐵路公路建設，對已有公路進行延長或修支路，以降低交通成本。對公路標準有明確說明，省路寬二丈四，村縣公路寬一丈二，並責成義務期男丁每人每年義務修路 10 日為役。擴充電話電信等通訊，並逐漸普及，3 年實現省通縣，6 年實現縣通區，以提高工作聯絡效率。修築窄軌鐵路（見表格 1-3），計劃前幾年主要靠籌集款項進行鐵路建設，10 年共計投入 2,668 萬元，可修築 2,220 公里。隨著鐵路運行公里數和盈利能力的增加，將鐵路利潤作為擴大再生產的資本逐年投入到鐵路建設當中，從第 3 年開始新增利潤可修築 29 公里，第 4 年 64 公里，逐年增加至第 10 年 151 公里，10 年共可擴建 849 公里。鐵路建設所需籌集投資逐漸減少，到第 8 年獲利超過投資額，成為修築鐵路的主要資金來源。

　　「十年計劃案」對發展公營事業制定了專門的條款，對山西省銀行、壬申製造廠、育才機器廠、育才煉鋼廠和硫酸廠等做出了整理改革的規劃，要求壬申製造廠和育才機器廠從原先製造兵工機器轉向製造農具、生產器械及日常用具。計劃創辦煉鋼廠、肥料廠、毛織廠、紡紗織布機廠、蘇打廠、洋灰工廠、印刷廠等，期望創辦電器廠、電氣機械製造廠、電解食鹽工廠、製糖廠、染料廠、汽車製造廠、飛機製造廠、人造絲廠、農工銀行、商業銀行等，並均附有計劃專案。

　　在經濟政策方面制定了統制經濟政策和積極的貨幣政策。統制經濟的目的在於保護本省生產的產品，抵禦外來傾銷商品。首先設置經濟統制機關，負

責籌款幫助產品銷售補助。其次是進行統制生產，對工廠出產商品計劃的質量和數量進行行政審批制度，需要經濟統制機關許可並檢查，以使其符合市場需求並做到物美價廉。

積極的貨幣政策目的在於改變山西當時貨幣流出導致的資本價格過高情況，增加流通中的貨幣，增加紙幣發行量並保證紙幣價值。為此規定紙幣發行銀行不墊借軍費、紙幣發行需具有十足準備金（四成現款、六成活期存款）。為減少資金流出，還需使省內貿易出入相抵，減少入省貨物，增加出省貨物。

為保障經濟統制政策的執行，將經濟建設計劃詳細至村，省統制縣、縣統制村，形成完整的組織結構，制定詳盡的計劃，以保證生產建設的一貫性。省經濟建設由太原經濟建設委員會全權負責，縣設縣經濟局、村設村經濟建設董事會，分別對山西省、縣、村三級的生產產品種類和數量、銷售市場的開拓、輸出輸入平衡、市場調研等進行統籌管理規劃，是山西省調控經濟的重要機構。金融方面省設山西省銀行，縣設銀號，村設信用合作社，管理各級儲蓄、抵押、匯兌、借貸等金融事務。另外還設有省建設研究院對山西省經濟建設進行調查研究，並制定計劃方法進行區域試驗，以求試驗有效後在全省推廣。

三、「十年計劃案」考核辦法

「十年計劃案」踐行統制經濟政策，用政府代替市場管理經濟。實際上在資源配置過程中，不僅市場會出現失靈，政府運作也會出現失靈狀況，導致政府干預經濟的措施缺乏效率。這種狀況主要是由於政府作為組織機構，一方面政府工作人員可能存在腐敗、尋租等行為，造成公共資源的損失和浪費；另一方面作為公共產品的提供者，政府組織經濟時往往不以盈利為目的，加上政府干預經濟所產生的行政運行成本，導致公共政策低效乃至無效，或者政策實施上發生偏離。山西省施行統制經濟政策，同樣面臨政府失靈的問題，且統制程度越深，政府失靈的可能就越大。

為了保障「十年建設計劃案」的實施效率，山西省政府制定了詳細的考核辦法，將經濟效益與相關負責人的政績和薪俸直接掛鉤，對官吏貪贓、違法，甚至不作為，都予以懲治。「欲公營事業之發達且繼續恒久的不壞，非有適當之組織監察及獎勵辦法不為功，故於籌劃舉辦及保管監督之方法責任，必須規定妥善、組織完密，使好人得以負責進行，不致畏難諉卸，使壞

人不敢生覬覦之心，不能施破壞之技，庶可收克始克終之效果。」〔註23〕如果未能實現建設計劃，或建設計劃實現質量較差，該項事業負責人在責難逃，處以貽誤罪。如果有個人行為阻礙了建設計劃，或者對建設計劃進行攻擊、挑釁，處以妨礙罪。山西省政府對於計劃案的實施制定了專門的考核辦法，頒布《山西省政建設計劃實施考績辦法》〔註24〕共 30 條，成立考績委員會，對各縣各項事業進行打分，以百分制為標準，五十分以上分上、上中、中、中下、下共五等，50 分以下即判為失職，計算時以完成必成量為 75 分（即中等分數之中數），按公式 1-1 和公式 1-2 計算成績，每年年終獎考績送省政府公布，考核上等者加俸並記名升級，考核上中等者加俸或記名升級，考核中等者無獎懲，考核中下等者撤任或記過，考核下等者撤任並兩年以上停止委任，考核失職者撤任並處以五年以上停止委任。可見對於這一政策的考核嚴厲程度，直接涉及村以上各級政府人員和公營事業課科股員秘書等其他各事務員的升降委任和工資獎金，且以必成量為基礎，獎懲分明，鼓勵多勞多得。

年終項目完成量在必成量以上的年終獎成績算法：

公式 1-1

$$年終獎成績 = 75 + \frac{做到量 - 必成量}{\dfrac{期到量 - 必成量}{100 - 75}}$$

$$= 75 + \frac{必成量上多做之數}{必成量上每多此量應加一分之數}$$

年終項目完成量在必成量以下的年終獎成績算法：

公式 1-2

$$年終獎成績 = 75 - \frac{必成量 - 做到量}{\dfrac{必成量}{75}}$$

$$= 75 - \frac{必成量下少做之數}{必成量下每少此量應減一分之數}$$

政府與市場不同，市場在競爭中存在優勝劣汰，而政府提供公共產品或政府經營公共經濟往往具有壟斷性質，沒有優勝劣汰的壓力，缺乏改進效率

〔註23〕山西省政設計委員會：《山西省政十年建設計劃案》，1932 年版，第 43 頁。
〔註24〕山西民社編：《太原指南》，北京：北平民社 1935 年版，第 63～68 頁。

的動力。加之個人具有機會主義傾向，往往為自身利益出發投機取巧，在非均衡市場上故意利用信息不完全來謀求自身利益最大化。因此，需要從組織內部創造優勝劣汰的代替品，用制度規範來代替市場競爭作用，並限制機會主義傾向發揮作用。理性個人追求自身利益所產生的強大動力，可能是經濟增長的主要動力，也可能是經濟衰退的主要原因。而制度結構恰恰是限制人類行為並將其導入特定規則，使其發揮正面的影響作用。《山西省政建設計劃實施考績辦法》的頒布實施，將經營公有資產的效率作為官員的評價標準，將各級公務人員的政治屬性掛靠在公營事業的經濟屬性之下，制定相應的獎勵與懲罰措施，對公務人員進行激勵和約束，試圖解決政府經營所產生的失靈狀況，是各項事業按計劃順利進行的重要保障。

四、「十年計劃案」之完成與評價

《山西省政十年計劃案》從 1933 年開始實施，儘管在實施過程中受到資金、技術、政治環境等方面的影響，並被 1937 年抗日戰爭爆發打斷，使計劃在實施過程中未能全盤執行，對農業方面有所疏忽，對工業方面較為偏重，並且一些計劃規模過大的工礦業項目和農業建設目標未能實現。但它仍對 30 年代的山西經濟起到了基礎性的重要作用。

「十年計劃案」從根本上講是制度的建設，是在近代經濟轉型時期，制度為了適應經濟的發展所作出的改變和嘗試。在近代外有強敵、內有紛爭的政治環境和近代工業處於起步階段的經濟環境下，統制經濟制度有利於抵制當時外國資本主義的經濟侵略，有利於保護新興市場建立初期的虛弱力量，保證市場的有效性、穩定性、持續性。在山西建立統制經濟制度，首先有利於政治統治力量的增強，即有利於省內集權。中原大戰後政權變動的教訓使當局者意識到政治權力的重要性，只有牢牢把握政治權力，才有能力進行經濟建設。因此「十年計劃案」將前三年制定為政治建設計劃，從省到縣、從縣到村，級級控制，使政治控制能力滲透至基層。特別是明確的獎懲考核辦法，將各級人員的政治屬性與經濟屬性相統一，有效降低了政府失靈所產生的不經濟行為。另外，增強對經濟的控制能推動公營經濟發展，奠定經濟建設的路線和方向，對全省工業、農業、交通、金融等各個方面進行統籌，建立完善的經濟統治組織結構。在其執行過程中，建立了較為完善的公司治理結構，將山西經濟在西北實業公司的組織結構下統一計劃執行，發揮了公營經濟的優勢，為山西經濟發展打下了良好的制度基礎。公營事業的建設發展，有利於省內資源的整合，將

省內煤、鐵等礦產資源，以及糧食、棉花、羊毛等農業資源加以整合，提高了生產技術和產出水平，擴大了生產規模。

「十年計劃」中提出「經濟平等」的口號，對經濟進行「政治經濟化」，實際上就是經濟管理和統治，即對生產消費進行管理，並統治匯兌和貿易，以鞏固經濟基礎，推動和促進就業，增強經濟國防實力。經濟穩定是政治穩定的基礎，政治穩定是經濟穩定的保障，政治的集權性、統一性和有效性在當時較不穩定的國內環境中，為山西經濟發展贏取了一片相對安定的環境，推動了近代山西工業化發展，建設了較為完善的工業結構。工業化計劃施行的五年間山西的各項事業都得到了蓬勃發展，不論從經濟體量、國民收入、對外貿易、綜合競爭力方面都有了較大提升，成為山西近代化建設中的「黃金時期」。

從「六政三事」到「厚生計劃」，再到「十年建設計劃」，山西的經濟發展政策逐漸從側重農業發展到側重工業，從只重經濟建設發展到強調社會制度建設，可以看出山西政府在近代化建設中摸索的過程，逐漸意識到政治與經濟相互依存的關係。只有提高政府統治力量，才能集中資源建設經濟；只有經濟強盛，才能保障山西政治的穩定。另外一個突出的趨勢表現在制度方面，統制集權程度逐漸增強，從農、林、畜牧業的計劃建設，到近代工業的計劃建設，再到政治、金融的統制建設。在此過程中，公共產業實力日益壯大，經濟公共化程度逐漸加深，統制經濟力度不斷加強，山西政治、經濟融為統制計劃下的一個有機整體。

第二章　民國山西政府公共收入和公共支出

　　公共收入和公共支出是公共團體的經濟行為，國家和地方即為具有強制權利的公共團體組織。公共團體的經濟即為財政，是公共團體要滿足共同需要時的財貨取得、管理和使用等各種行為總稱。「近世貨幣經濟盛行，故用現品或勞役直接充用之事漸已絕跡……故現今公共團體之實物需要，大體可謂皆不能不支出通貨以購買之方法供給之。勞役之需要亦然，現今大部分之勞役，皆依有給吏制，採用官公吏以充之，有時雖不無依賴公共名譽制及強制服役之事，然究非全然無給……故現今公共團體之勞役需要，亦在大體上可謂皆不能不依支出通貨之方法以獲得之也。」〔註1〕田租和勞役的貨幣化變化是為了適應市場經濟活動增多、貨幣使用範圍擴大所產生的制度變化，也是現代財政制度的重要基礎，體現了近代市場化特徵。

第一節　國家財政制度改革

　　國家和地方的公共收入和支出即財政收入和支出。「國家與地方自治團體，皆為公共團體之一種，亦皆得為公共經濟之主體，故公共經濟之中，可分為國費與地方費二種。」〔註2〕要探究山西政府的公共收入和支出，首先要明確民國時期的財政制度，特別是中央和地方的財政分配。

〔註1〕陳啟修：《財政學總論》，上海：商務印書館1924年版，第二編第1頁。
〔註2〕陳啟修：《財政學總論》，上海：商務印書館1924年版，第五編第24頁。

一、1912～1926 年財政制度改革

　　民國正值新舊制度更替之際，財政制度也面臨改革，而分散的政治形勢使財政制度的改革和統一難以執行。1912 年至 1926 年北京政府時期，制定了《國家稅法和地方稅法草案》和《國家費目地方費目標準案》，首次正式劃分了國家稅與地方稅（見表格 2-1），「明確國家與地方的支出項目與費用，也為當時地方自治奠定了財政基礎。」〔註 3〕《國家稅法和地方稅法草案》和《國家費目地方費目標準案》將稅源較為集中和收入可觀的稅費全部統歸中央政府，地方收入少且不穩定，儘管劃分了中央和地方的財政體系，但仍體現出中央試圖進行集權統治的傾向。後因袁世凱的獨裁，取消國、地稅收劃分方案，仍實行中央政府統收統支，直到 1916 年袁世凱政府垮臺後得以恢復。1923 年曹錕政府在《憲法》中再次劃分了國家稅和地方稅，將田賦劃歸地方，地方因此獲得可靠而穩定的稅源和財政收入，並正式確立中央、省、縣三級財政體系。

表格 2-1　　1912 年北洋政府時期國地收支劃分〔註 4〕

收入部分		支出部分	
國家稅（17 項）	地方稅（20 項）	中央支出（14 項）	地方支出（10 項）
田賦，鹽稅	牲畜稅	立法費	立法費
關稅，常關	田賦附加稅	工程費	教育費
統捐，釐金	店捐，房捐	徵收費	實業費
礦稅，漁稅	戲捐，車捐	內務費	工程費
牙稅，牙捐	魚捐，屠捐	海陸軍費	徵收費
當稅，當捐	商稅，糧米稅	內債償還費	警察費
煙稅，酒稅	肉捐，飯館捐	西北拓殖費	衛生費
茶稅，糖稅	油捐，醬油捐	清帝優待費	救恤費
契稅	船捐，雜貨捐	官俸官廳費	自治職員費
	樂戶捐，茶館捐	專門教育費	公債償還費
	夫行捐，土膏捐	官業經營費	
	其他雜稅	司法官廳及監獄費	
	其他雜捐	外交費，外債償還費	

〔註 3〕葉振鵬主編、焦建華著：《中國財政通史（第 8 卷）·中華民國財政史》，長沙：湖南人民出版社 2015 年版，第 56 頁。

〔註 4〕中華民國財政部財政年鑒編纂處編：《財政年鑒》上冊，上海：商務印書館 1935 年版，第 1～2 頁。

　　儘管對國家稅和地方稅有明確的劃分，但由於各地軍閥割據嚴重，往往對所收國稅與「中央專款」進行扣留，使得中央稅收欠缺。財政困難致使北京政府統治期間財政預算年度增長並不大，而財政虧空卻大幅上漲。中央只好將各省截留款項作為名義上的撥款處理，另靠發行國債來彌補財政赤字。「本期十五年中北洋軍閥政府舉借外債合銀幾及十億元……發行的公債計二十八種，發行額達六億二千萬元；同時又發行短期國庫證券、有獎公債等八十八種，發行額達一億零三百餘萬元。」〔註5〕可見當時北洋軍閥中央政府發行公債數量之多。

二、1927～1937 年財政制度改革

　　1927 年到 1937 年南京政府時期又對國家稅和地方稅進行了新的劃分，1929 年 9 月，財政委員會進一步說明中央與地方司法費的劃分（見表格 2-2），財政實收數相比北京政府時期有所上升，特別是 1930 年前後除債款外財政實收數一度達到 80% 以上，之後又有所下降至 1935 年僅為 38.6%。〔註6〕這十年間財政數額不斷膨脹，且其膨脹速度超過當時上海通脹率十倍之多。其中以軍務費占到 30%～40%，債務費占到 20%～30% 的水平，均為支出大宗。

　　各個時期地方對中央稅收的扣留問題都較為明顯，「對各個地方軍隊來說，原則上是由該地方的國稅徵收機關主給，但是各地軍閥任意以國稅附加稅或其他名目徵收租稅，充當軍費之外，還自行扣留作為中央稅的煙酒稅、印花稅等，以充作軍費。而中央政府在預算方面的補助金項目，在形式上，大部分也是把這個國稅扣留額當作從中央支出的數額而記載的。」〔註7〕可見地方對中央稅款的扣留已經是公開的秘密，中央與地方政府都對此心照不宣。究其緣由，依舊是中央政府勢力薄弱，無法有效統治地方勢力，中央與地方、地方與地方矛盾不斷。

〔註5〕楊蔭溥：《民國財政史》，北京：中國財政經濟出版社 1985 年版，第 14 頁。

〔註6〕楊蔭溥：《民國財政史》，北京：中國財政經濟出版社 1985 年版，第 45 頁。

〔註7〕（日）內田知行著，葉昌綱譯：《三十年代閻錫山政權的財政政策》，載於山西省政協文史資料研究文員會：《山西文史資料全編（第7卷）》（第 74 輯），1991 年版，第 1～46 頁。

表格 2-2　南京國民政府時期國地收支劃分〔註8〕

收入部分		支出部分	
國家稅 （16項）	地方稅 （20項）	中央支出 （21項）	地方支出 （13項）
釐金	田賦	中央黨務費	地方黨務費
鹽稅	船捐	中央監察費	地方立法費
煤油稅	房捐	蒙藏事務費	地方行政費
常關稅	當稅	總理陵墓費	地方司法費
煙酒稅	牲畜稅	中央工程費	地方教育費
捲煙稅	屠宰稅	中央財務費	地方財務費
通過稅	契稅牙稅	中央年金費	公有事業費
郵包稅	內地漁業稅	中央農礦工商費	地方衛生費
印花稅	地方財產收入	陸海軍及航空費	地方救恤費
交易所稅	地方營業收入	中央官業經營費	地方債款費
沿海漁業稅	地方行政收入	中央農礦工商費	地方農礦工商費
國有財產收入	其他屬於地方現有收入	中央交通行政費	
國有營業收入		中央內外債償還費	
中央行政收入		政府及所屬機關行政費	
海關稅及內地稅		中央立法費，司法費	
公司及商標註冊稅		中央內務費，外交費	
		中央考試費，教育費	
		中央僑務費，移民費	

　　在此背景下，山西公共收入一方面來自於省地方財政收入，一方面又對國家財政收入進行部分扣留，其餘則由發行公債來彌補不足。公共支出方面同樣有省地方財政支出和用於本省的國家財政支出。

第二節　山西公共收入及其來源

　　陳啟修將公共收入定義為公共團體因供給其經濟需要，所收入的貨幣總額，可分為公經濟收入和私經濟收入。公經濟收入是指公共團體以團體資格對

〔註8〕吳兆莘：《中國稅制史》，上海：商務印書館1937年版，第129～131頁。

其團員行從屬關係的經濟行為獲得的收入，私經濟收入是指公共團體以私人資格對其他經濟主體以平等經濟行為獲得的收入。〔註9〕財政收入則是國家或地方作為公共團體獲得的公經濟收入。山西於民國初年廢府州存縣，成立山西財政司，先由都督府管轄，後歸山西省行政公署領導，1917 年財政司改為財政廳。各項稅收中屬於中央轉款的煙酒稅、印花稅、鹽課、關稅等由中央分設特派員或機構徵收解送，而列入山西省國家預算的和山西省地方預算的則由省自行制定稅率和徵收方式，分給各縣負責徵收。除財政收入以外，山西省的公共收入還包括其經營所獲得的私經濟收入，如地方債務收入、公營經濟收入、公共事業集資等所帶來的資金流入等。

由於民國時期現代財政體系剛剛建立，加之政局動盪，中央政府對地方提交的財政預算管理能力有限，地方所做出的財政預算可能有不準確之嫌，日本學者內田知行認為「對這些預算數字，至多只能把它們看做表示一種大趨勢的概數」，但他同時也認為「我們除去以這種不確定的資料為頭緒而進行分析之外，是別無它法的」〔註10〕。儘管當時的預算不能稱之為準確，但是從其大體結構中，依然能夠看出一些政府活動的方向，反映政府管理和建設的重點領域。

一、山西省稅收收入

晉綏財政整理處是山西省和綏遠省的最高財政機構，這一機構因地方勢力而從中央政府獨立出來，「連國民政府也無法調查和指導晉綏兩省的稅務活動」〔註11〕，因此對中央稅的扣留較為明顯，對於國家預算收入大部分收做省留用金額。

1913 年到 1921 年列入省國家預算的主要有田賦（包括地丁、米豆、租課、地丁證收費、米豆證收費）、貨物稅（即原釐金）、正雜各稅（包括契稅、牙稅、當稅、商畜稅、屠宰稅、包裹稅、雜稅）、雜收入（包括契紙費、釐金罰款）。列入省地方預算的主要有田賦附加項（包括留省一年畝捐、地丁

〔註9〕 陳啟修：《財政學總論》，上海：商務印書館 1924 年版，第三編第 1 頁。
〔註10〕 （日）內田知行著，葉昌綱譯：《三十年代閻錫山政權的財政政策》，山西省政協文史資料研究文員會：《山西文史資料全編（第 7 卷）》（第 74 輯），1991 年版，第 1～46 頁。
〔註11〕 （日）內田知行著，葉昌綱譯：《三十年代閻錫山政權的財政政策》，山西省政協文史資料研究文員會：《山西文史資料全編（第 7 卷）》（第 74 輯），1991 年版，第 1～46 頁。

附加地方款）、雜稅（商稅改辦統稅收入、畜稅、出產落地等稅、包裹銷場稅）、雜捐（包括斗捐、煤釐、鐵路巡餉捐、省城車捐、省城妓捐、省城戲捐）、雜收入（包括警務處所管房租、農業學校收入、契稅附加省地方款、煙酒稅附加省地方款、屠宰稅附加省地方款、省銀行股利、警察罰金、綏遠區分擔議會辦公費、第一第二暨模範牧場收入、農桑總局收入、貨釐改辦統稅盈餘、煤釐包收盈餘、棉業試驗場收入、禁煙捐款、省汽車路捐、各項稅捐罰金等）。

從下表可見，1913 年到 1926 年國家財政收入 700 萬左右，而地方僅 100 萬～200 萬，國家收入占財政主要收入。在此期間，國家收入預算增長了 100 多萬，相較其 700 萬左右的基數來說漲幅較小，其主要來源田賦占到總預算的約 85%左右，且多年維持在一個較為穩定的數量。而地方財政收入由 100 多萬增長至 200 多萬，增幅在 2 倍以上，1913、1920 和 1921 三年有田賦附加統計的年份中，田賦附加占比最大，其他三項相差不大。1927 年南京政府統治後，對國家稅和地方稅進行重新劃分，地方財政收入中將原本國家財政收入中的田賦、契稅、牙稅、當稅、屠宰稅併入地方財政收入中，減少了原本地方上的一些雜稅，新增加了地方各項收入和營業稅。這一改革將中央與地方的稅收進一步劃分開，國家失去原本占 85%的田賦等項收入後，收入銳減，國家稅由 700 多萬降至 200 多萬，而地方稅則由 200 多萬增至 1000 多萬。1931 年到 1937 年地方財政權迅速擴張，增長至 2000 多萬，國家財政收入對於地方而言已不具太大意義，故在文中未有列及。

表格 2-3　山西國家歲入預算曆年比較（1913～1927 年）〔註 12〕

年度別	田　賦	貨物稅	正雜各稅	雜收入	合　計
1913	4,146,440	808,743	833,678	639,067	6,427,928
1914	4,228,833	910,380	283,982	56,956	5,480,151
1915	5,796,833	776,380	527,699	117,560	7,218,472*
1916	6,449,516	922,380	810,433	164,853	8,347,182
1917	6,449,516	451,158	310,723	125,978	7,337,375
1918	6,449,516	451,158	270,723	191,078	7,362,475

〔註 12〕1913～1921 年數據來源山西省長公署統計處：《山西省第三次財政統計（民國十年分）》，1926 年版；1922～1927 年數據來源山西省政府統計處編纂：《山西省第九次經濟統計正集（民國十六年分）》，1930 年版。

1919	6,199,516	638,289	730,423	191,078	7,759,306
1920	5,929,289	638,289	730,423	201,457	7,499,458
1921	5,929,289	735,980	630,423	42,309	7,338,001
1922	-	-	-	-	7,338,001
1923	-	-	-	-	7,338,001
1924	-	-	-	-	7,330,726
1925	-	-	-	-	7,330,726
1926	-	-	-	-	7,330,726
1927	-	-	-	-	2,381,104

*注：原數據為 7,218,416，作者經計算矯正為 7,218,472。

表格 2-4　山西省地方歲入預算曆年比較（1913～1927 年）〔註13〕

年度別	田賦附加稅	雜　稅	雜　捐	雜收入	合　計
1913	774,411	172,540	250,465	35,920	1,233,336
2014	-	-	-	-	2,326,064
1916	-	250,000	117,022	221,170	588,192
1917	-	280,000	142,022	530,811	952,833
1918	-	515,735	163,624	415,514	1,094,873
1919	-	583,174	509,822	661,517	1,754,513
1920	809,151	599,205	308,150	670,223	2,386,729*
1921	809,151	717,196	264,243	462,683	2,253,273
1922	-	-	-	-	2,357,611
1923	-	-	-	-	2,326,444
1924	-	-	-	-	2,200,214
1925	-	-	-	-	2,122,214
1926	-	-	-	-	2,101,160
1927	-	-	-	-	12,026,520

*注：原數據為 2,886,729，作者經計算矯正為 2,386,729。

〔註13〕1913 和 1916～1921 年數據來源山西省長公署統計處：《山西省第三次財政統計（民國十年分）》，1926 年版；1914 年數據來源於武靜清，陳興國著：《十九世紀末二十世紀初葉山西財政與經濟》，北京：中國財政經濟出版社 1994 年版，第 149 頁；1922～1927 年數據來源山西省政府統計處編纂：《山西省第九次經濟統計正集（民國十六年分）》，1930 年版。

表格 2-5　山西省地方財政預算（1931～1937 年）〔註14〕

科　目	1931	1932	1934	1935	1936	1937
田賦	6,272,403	6,523,801	6,523,801	6,604,201	6,567,201	6,523,801
契稅	1,263,095	1,653,976	1,507,000	1,205,000	1,000,000	1,000,071
牙稅	497,992	-	-	-	-	-
當稅	33,075	-	-	-	-	-
屠宰稅	473,066	-	-	-	-	-
車捐	227,794	-	198,300	198,900	142,700	142,200
地方財產收入	1,344	1,820	15,835	10,626	10,283	13,010
地方事業收入	128,568	29,413	8,181	23,977	22,819	10,662
地方行政收入	87,484	132,714	127,844	116,992	123,354	124,750
營業稅	-	4,149,010	3,218,638	3,868,524	4,113,081	4,469,115
補助收入	-	253,986	253,986	311,534	496,923	722,005
債款收入	-	-	2,500,000	2,600,000	2,800,000	4,700,000
其他收入	2,364,850	936,966	900,332	80,000	149,194	6,292,709
歲入合計	11,349,671	13,681,686	15,253,917	15,019,754	15,425,555	23,998,323

　　從財政收入結構可見民國時期山西仍以農業經濟為主體，山西省財政的主要來源仍然是田賦及田賦附加，二者相加基本都超過 600 萬，是財政收入的主要來源。近代化下農業經濟比重逐漸降低，田賦占總收入的比重呈現出明顯的減少趨勢，特別是在 1932 年以後，田賦收入已不足總收入的 50%，1937 年更是降至不足 30%（見表格 2-6）。

表格 2-6　民國時期山西田賦收入預算占總收入預算比重（1912～1937 年）〔註15〕

年　度	1912	1913	1916	1917	1918	1919	1920	1921
占總收入比重（%）	51.09	62.93	72.18	77.8	76.25	65.16	68.16	70.26
年　度	1930	1931	1932	1933	1934	1935	1936	1937
占總收入比重（%）	57.11	55.27	47.68	44.15	42.77	43.97	42.57	27.18

〔註14〕 中共山西省委調查研究室編：《山西省經濟資料（第四分冊）》，1963 年版，第734 頁。1933 年數據在原史料中缺失。

〔註15〕 山西省史志研究院編：《山西通志‧財政志》，北京：中華書局 1997 年版，第22 頁。

注：1912 年到 1921 年田賦收入中數據與《山西省第三次財政統計》中田賦和田賦附加稅之和基本一致。1931 年到 1937 年田賦收入與《山西省經濟資料》中數據一致。

　　田賦附加原本由各省加徵，主要有畝捐二角，徵收費一角，甲等米豆附加二角，乙等米豆附加一角五分等。1915 年為彌補國家預算不足，將部分田賦附加稅併入正稅，地方上只好巧立名目徵收新的附加稅，儘管財政部有附加稅不得超過正稅 30% 的規定，但是仍不能制止各地濫收，民國 8 年後，山西附加稅多達 30 餘種，「民國 17 年（1928），田賦改歸地方，省、縣新事業建設之需與地方行政不足款，多取之於田賦附加，因此，附加增長速度甚快，有超過正稅十倍以上者」〔註16〕。特別是為應對「軍事迭興，餉糈浩繁」「則惟有增農田之賦，課米粟之稅」〔註17〕才能滿足地方上對財政的需求。民國 22 年預算，省附加為 1,434,944 元，縣附加 1,129,483 元，省縣合計 2,564,427 元，而當年的田賦為 6,523,801 元，田賦附加占到田賦總額的 39.3%。〔註18〕田賦稅率實為增長趨勢，「故十七年山西田賦每畝已增至三元，而增加之指數已達七五〇〇，是則農田收入，幾已大半納賦矣。」〔註19〕

　　工商稅中以釐金為大宗，後改為貨物稅，由一般占國稅年收入的約 10% 左右，釐金稅稅率為百貨釐金 1.2%，煤釐每百斤五六文錢，後又向運戶如人力、牛、驢、騾馬等拉煤車徵收煤釐每車約 8～21 文不等，折合銀元約 4～11 釐，後因手續繁雜於民國 20 年取消。〔註20〕另外還有鹽稅以每擔 100 市斤徵收銀 1.5～2 元不等屬國稅，後有所增加，並增設收歸地方的督繳費每擔 1.3 元。南京國民政府時期鹽稅除正稅外又加設中央附稅（建設專款）、其他附加、整理費、工藝費，加上原本地方徵收的督繳費共計約每擔 4.9～7.6 元不等。常關稅沿用清制在殺虎口和歸化城收取，後改為邊境陸關出入貨物稅（畜稅、商稅、屠宰稅、礦稅、統稅、當稅、牙稅、煙酒稅等）。民國山西的工商稅進行了近代化改革，增加了印花稅、所得稅、營業稅等，並將原有的

〔註16〕山西省史志研究院編：《山西通志・財政志》，北京：中華書局 1997 年版，第 25 頁。

〔註17〕冷紅：《晉綏農村經濟之滯澀與對策》，晉綏社會經濟調查統計社編：《晉綏社會經濟調查統計社年刊》，1935 年版，第 9 頁。

〔註18〕山西省史志研究院編：《山西通志・財政志》，北京：中華書局 1997 年版，第 26 頁。

〔註19〕冷紅：《晉綏農村經濟之滯澀與對策》，晉綏社會經濟調查統計社編：《晉綏社會經濟調查統計社年刊》，1935 年版，第 9 頁。

〔註20〕山西省史志研究院編：《山西通志・財政志》，北京：中華書局 1997 年版，第 74 頁。

鹽稅等稅種進行停征、合併、調整。另外廣設名目的雜稅雜捐增多，1913 到 1923 年地方稅中雜稅增長較為明顯，雜稅也多出自工商業，如火車貨捐、防務捐護路捐、婚貼捐、人力車捐等，還有細緻到匪夷所思的蛋清蛋黃稅、核桃桃仁產稅、豬羊牛腸稅、牛羊骨角稅等等。工商稅和雜稅的增加一方面反映了工商業的發展，另一方面也是巧立名目稅種增加的體現。

　　1930 年以後田賦收入占總收入的比重逐漸減少的同時，財政、行政、債款和其他收入預算明顯增加。這一方面體現出近代化產業轉移，主要產業由農業逐漸向近代工業、商業轉移，公共經濟規模的擴大和盈利能力的增強。通過民國初年開始的經濟建設和公營公司的建立、發展和擴大規模，其盈利能力不斷增強，如山西軍人工藝實習廠和太原火藥廠能生產當時比較先進的山炮武器等，通過向陝西、寧夏、廣西等地方軍隊出售武器大發橫財。特別是 30 年代以來經濟公共化程度加深，將許多原私營公司和公私合營公司轉變為純公營公司，並將公營公司合併整合成西北實業公司，將外部交易成本內生化，並形成壟斷效應，提高公營資產的盈利能力，促進了相關財政收入。

　　另一方面受益於制度的優化變革。「晉省財政，自六年以來得以收支相符，公私不致交困者，實已大費一番經營矣。」〔註 21〕這裡面說的「經營」便是稅收制度的整頓。山西省政府實行興利除弊，首先將包收釐稅進行嚴格監督，對私授剋扣等行為予以法辦，並頒布《山西包收釐稅通則》，明確規定「有違章浮收，或減讓招攬，希圖侵奪鄰卡之貨物，及有苛擾商民等情事，應嚴行懲辦。」〔註 22〕1918 年，釐稅收入比之前增加 60 多萬元，1919 年修訂釐稅章程後又增加 20 多萬元。與之類似，對斗捐、田賦附加、商稅等都進行整頓，以通過重新審核、登記、頒發特許證、查驗和修正商帖等方式，增加稅收。

　　在機構設立方面，設清查機關、審核機關、經理機關，對收稅事項進行管理。各縣設立清查財政公所，頒布《修正各縣清查財政公所簡章》和《修正各縣清查財政公所辦事細則》，「以清查本縣國家、地方歲入、歲出，並一切陋規中飽、和盤托出為宗旨」〔註 23〕，對各縣收入、支出及一切陋規罰款進行清查，先後追繳從 1913 年起的各項稅款不下百起。為了進一步提高稅收效率，在省政府設「財政審核處」，幫助促進專案辦理，對於有偷逃調用稅款的追繳

〔註21〕周成：《山西地方自治綱要》，上海：泰東圖書局 1929 年版，第 381 頁。
〔註22〕周成：《山西地方自治綱要》，上海：泰東圖書局 1929 年版，第 384 頁。
〔註23〕周成：《山西地方自治綱要》，上海：泰東圖書局 1929 年版，第 387 頁。

賠款，對沒有舞弊行為的即予核結。隨著經濟體量的擴大，及時增加應納稅經濟額，減少漏收、偷逃稅款，以提高稅收效率。經理機關則是各縣設立的公款局，專門管理各縣地方收入，經收和核發縣地方公款，以提高縣地方財政使用效率，減少財政耗損。

　　總體而言，山西省政府的財政預算中國家預算收入逐漸減少，從收大於支逐漸成為收不抵支的狀況；而地方財政收入的預算則逐漸增多，且制定的較為合理，收支基本相等。從稅收款項、稅收制度到稅收機構都在不斷調整中，體現了從傳統向現代過渡的財政制度變遷。

二、政府債務和其他融資方式

　　除了正常稅收外，為了維持省政府各項事業發展，增加政府支配的資金和資源規模，特別是為公營事業建設籌集資金，省政府還通過公債和其他融資方式增加公共收入。其中，公債的發行是通過向企業或個人發行債券的方式吸收社會資金，一方面由政府和四大銀行發行各種公債、借款券、實物準備券等，另一方面向公職人員強行發放工資配給債券和庫券。財政對債務的依賴在中原大戰失敗後的 30 年代尤為明顯，民國山西政府財政預算中 1934年到 1937 年債務收入從 250 萬元增長至 470 萬元（見表格 2-5），1932 年至1936 年各年分別發行公債 1.4 萬元、3300 萬元、29.9 萬元、134.8 萬元和 827.4萬元〔註24〕，五年合計共發行 4293.5 萬元，平均每年 858.7 萬元，相當於當時各年地方財政收入的 60%左右。四大銀行發行「借款券」「實物準備券」到1936 年共計 2898.2 萬元，約占四大銀行資本總額 3300 萬元的 88%。〔註25〕除此以外，還發行了「公營事業借款券」和「統一建設借款券」共 7042 萬元以支持公營事業發展。

　　利用外資是民國從中央到地方各政府的慣用籌集資金方式之一，山西省利用外資主要是通過斌記商行這一媒介，「由斌記與需貨單位簽訂合同後，再與各國洋行簽訂購貨合同」〔註26〕。「表格 2-7　1936 年底斌記商行對洋行

〔註24〕山西省史志研究院編：《山西通志·財政志》，北京：中華書局 1997 年版，第
　　　 235 頁。
〔註25〕田君：《三十年代山西工業化建設中的資金戰略研究》，山西財經大學學位論
　　　 文，2012。
〔註26〕梁紹淼、龐義才：《山西外貿志》山西省地方志編纂委員會辦公室編印 1984 年
　　　 版，第 249 頁。

負債總數（法幣元）」可見 1936 年底斌記商行對各洋行負債，其中數量最多的為德國禪臣洋行為 124 萬有餘，最少的僅有 80 元欠貨款，總計 2,484,493 元，相當於當年田賦的約 1／3。

表格 2-7　1936 年底斌記商行對洋行負債總數（法幣元）〔註27〕

洋行名稱	負債金額	洋行名稱	負債金額
禪臣洋行(德)	1,246,945	克羅克納公司	7,201
華德隆洋行(美)	664,969	祥昌洋行	4,286
禮和洋行(德)	251,359	大倉洋行(日)	2,883
孔士洋行	164,709	慎昌洋行(美)	2,426
三井洋行(日)	53,030	白祿洋行	2,068
西門子洋行(德)	37,585	德盛洋行	1,135
公興洋行(日)	17,433	安利洋行	156
德義洋行	15,689	恒昌洋行	90
新民洋行	12,423	協興洋行	80
合計		2,484,493	

注：資料中合計比各項之和多 26 元，係原資料之誤，未作修改。

　　另外，對鴉片的明禁實銷將鴉片利潤收歸公有也是山西省秘而不宣的重要收入來源。清末民初山西「金丹料面等代替品，即趁虛而入，初因都市稽查較嚴，銷行未暢，乃轉入鄉間，為害鄉里；據調查報告，吾晉每年此項金錢外溢，達四五千萬元之巨，亦誠可驚人矣！」〔註28〕為消除這一陋習，整頓民風，山西政府明確將禁煙作為「六政三事」之一，禁止私自販賣鴉片。取而代之的是官方製造的五六錢「戒煙藥餅」，價值在兩元上下，並設立專門機關管理「戒煙藥餅」的生產、運輸和買賣，禁煙考核處在省內各縣都派有禁煙委員推銷戒煙藥餅，省外也有專門人員進行供銷，實際上是將鴉片利潤完全收歸公有，「從此各地煙民爭相購買，公開吸食煙土」〔註29〕。「山西省

〔註27〕中共山西省委調查研究室：《山西省經濟資料（第四分冊）》，太原：山西人民出版社 1963 年版，第 11～12 頁。

〔註28〕冷紅：《晉綏農村經濟停滯塞與對策》，晉綏社會經濟調查統計社：《晉綏社會經濟調查統計社年刊》，1935 年版，第 9～14 頁。

〔註29〕楊彬：《閻錫山的「禁煙政策」》，載於中國人民政治協商會議山西省太原市委員會文史資料委員會編：《太原文史資料》（第 11 輯），太原市政協文史資料委員會 1988 年版。

的財源有綏遠省的財政收入，也有消極的中央補助款，即統稅、鹽稅和印花稅的扣留，但在山西省，更重要的財源是鴉片稅，所以鴉片流入是不可避免的。據統計，用於鴉片的年額約 3000 萬元。此外，還有對鴉片的過境稅等，特別是綏遠，對於從甘肅的肅州、平涼運至北平、天津的鴉片，在途經其境內時，要徵收特別稅作為軍費等方面的財源。」〔註30〕每月山西省政府在禁煙考核處專賣「戒煙藥餅」的利潤約 30 餘萬元，一年約 300 餘萬元，相當於田賦收入的二分之一。〔註31〕

另外，公營事業收入也是當時山西省政府重要的收入來源之一，特別是當時出於壟斷地位的西北實業公司的利潤和正太同蒲兩大鐵路年收入都在百萬元以上。這一部分將在後面詳細闡述，在此不再做過多贅述。在興辦公營經濟時，還採取公開募股集資的方式籌措款項，最具代表的山西省銀行成立時募股 300 萬元，有效地吸收社會資本，為公營事業提供了資本的原始積累。

第三節　山西公共支出及其分配結構

公共支出是公共團體的經濟活動所需要的人力、財力、物力的貨幣數額表示，這主要是為了區分古代納糧、服役的直接人力、物力的需要。〔註32〕近代以來政府所需人力、物力逐漸從直接徵用轉變為以貨幣購買，山西省作為地方政府，其公共支出包括中央政府國家財政對山西的貨幣支出與山西地方財政的貨幣支出。而對於地方發展則更加依託於地方財政，「以地方之財力，負擔地方之經費，以地方之經費，發展地方事業與公共福利。」〔註33〕公共支出是政府投入建設的重點所在，是分析政府宏觀經濟發展方向的重要指標。

一、國家支出

民國早期到 20 年代的山西國家歲出包括內務部所管（包括省長公署、各道尹公署、各縣公署、各縣佐公署、警務處及警察廳、文官高等考試及格

〔註30〕（日）平貞藏：《山西，陝西調查旅行報告》，滿鐵調查部《中國經濟開發方針及調查資料——中國立案調查書類第 2 編第 1 卷其 1》，1937 年版第 568 頁。

〔註31〕（日）內田知行著，葉昌綱譯：《三十年代閻錫山政權的財政政策》，山西省政協文史資料研究文員會：《山西文史資料全編（第 7 卷）》（第 74 輯），1991 年版，第 1～46 頁。

〔註32〕陳啟修：《財政學總論》，上海：商務印書館 1924 年版，第二編第 1 頁。

〔註33〕朱博能編著：《地方財政學》，南京：正中書局 1948 年版，第 10 頁。

津貼、文官普通考試及格津貼、典禮費、警察官吏郵金、警察傳習所經費、添抬警察餉項服裝費、政治實察所經費）、財政部所管（包括財政廳、財政調查費、地丁徵收費、米豆徵收費）、陸軍部所管（包括督軍署、晉南鎮守使、晉北鎮守使、各旅團、憲兵營、陸軍審判處、陸軍監獄、陸軍病院、殘廢兵院、軍人工業實習場、糧服局及被服庫、軍械局、測量局、軍用電信局、留東學生經費、陸軍各隊及各機關建築費、恤賞費、軍官津貼、見習津貼、槍彈裝具修建等費、兵差雜費）、司法部所管（包括高地審檢各廳、審檢分廳、監獄及太原地檢廳看守所、分廳附設看守所、審檢各廳及新舊監所、添設安邑大同地方審檢廳費）、教育部所管（包括教育廳、大學校）、農業部所管（包括實業廳、大林區、水利局、劃一權度處）、蒙藏院所管（包括五臺山喇嘛）。按照山西省國家歲出預算中幾乎全部用於山西省內各項事務，基本沒有上繳項目，且呈現較為波動上漲趨勢，1913～1921 年間上漲幅度約為 21.79%，其中以陸軍部所管即軍費開支為最多，基本占到整個國家歲出預算的 50% 以上，並且基本保持持續增長的趨勢，從 1913 年 3,804,648 元占國家總預算的約 56.9%，增長至 1921 年的 5,610,607 元占國家總預算的約 68.8%，可見當時政治不穩定的環境下地方傭兵之眾，山西晉系軍閥軍事費用之高。除此之外支出較多的為內務部所管、財政部所管、司法部所管的各項行政經費，而教育經費和農商業經費較少，1920～1924 年國家歲出預算呈緩慢增長，較為穩定。1925～1927 年國家歲出預算呈現突發式增長，三年增長了近 4 倍，從 1 千多萬增致近 4 千萬，但這只是財政預算，考慮地方在報請預算時希望從國家多拿經費，因而可能將預算金額誇大處理。

表格 2-8　山西省國家歲出預算曆年比較（1913～1927 年）〔註34〕

年度	內務部所管	財政部所管	陸軍部所管	司法部所管	教育部所管	農商部所管	蒙藏院所管	合計
1913	1,537,156	314,914	3,804,648	799,200	-	231,170	4,281	6,691,369
1914	1,278,947	235,981	3,471,763	283,000	100,000	4,000	-	5,373,691

〔註34〕 1913～1921 年數據來源山西省長公署統計處：《山西省第三次財政統計》民國十年分，1926 年版。1922～1927 年數據來源山西省政府統計處編纂：《山西省第九次經濟統計正集（民國十六年分）》，民國 19 年刊行。

1915	1,703,720	351,819	2,409,002	290,000	270,353	12,596	-	5,037,490
1916	2,039,279	449,406	3,080,691	387,710	100,000	16,668	-	6,073,754
1917	1,952,292	718,160	4,734,165	557,153	100,000	19,680	-	8,081,450
1918	1,466,141	718,160	6,166,278	451,516	138,000	84,700	-	9,024,795
1919	1,419,393	349,225	4,726,082	390,476	140,000	48,688	-	7,073,864
1920	1,460,370	357,225	5,651,086	519,930	140,000	70,518	-	8,199,129
1921	1,457,610	353,342	5,610,607	486,336	165,000	73,398	3,295	8,149,588
1922	-	-	-	-	-	-	-	8,203,986
1923	-	-	-	-	-	-	-	8,357,597
1924	-	-	-	-	-	-	-	8,566,535
1925	-	-	-	-	-	-	-	11,821,847
1926	-	-	-	-	-	-	-	26,178,211
1927	-	-	-	-	-	-	-	39,936,642

二、地方支出

　　山西省地方歲出預算主要有六大類，其中以內務費、教育費和實業費三類較為穩且數目較大。內務費包括議會、警察、慈善三項，警察又包括警察教練所、清道隊、馬路鐵路巡官等項，慈善包括山西醫院、平民工藝廠、普濟堂等經費。教育費分為各學校經費、留學教育經費、行政經費、教育補助和學生津貼五項。實業經費則分為農桑、工業和牧畜三項。省地方歲出 1913～1920 年增長幅度較大，8 年間上漲幅度約達 82.70%。其中教育費占最大比重，且呈現出明顯的增長趨勢，從不到 50 萬增長至 1 千萬之多。另外對實業方面的投入也有大幅增加趨勢，從 3 萬多增長至 60 多萬。

表格 2-9　山西省地方歲出預算歷年比較（1913～1921 年）〔註35〕

年度	內務費	財政費	教育費	司法費	實業費	行政預備金	追認金	合　計
1913	341,537	66,402	491,517	-	35,720	248,160	50,000	1,233,336
1914	-	-	-	-	-	-	-	2,326,064
1916	297,466	42,061	466,240	-	42,865	-	-	848,632

〔註35〕1913 和 1916～1921 年數據來源《山西省第三次財政統計》；1914 年數據來源於武靜清，陳興國著：《十九世紀末二十世紀初葉山西財政與經濟》，北京：中國財政經濟出版社 1994 年版，第 149 頁；1922～1927 年數據來源山西省政府統計處編纂：《山西省第九次經濟統計正集（民國十六年分）》，民國 19 年版。

1917	348,215	9,063	412,906	-	172,935	9,714	-	952,833
1918	242,823	-	797,525*	-	20,618	-	-	1,060,966
1919	346,878	-	969,764	-	385,011	51,660	-	1,753,313
1920	607,878	30,200	1,138,012	-	605,232	5,407	-	2,386,729
1921	1,066,433	30,200	978,673	3,600	174,367	-	-	2,253,273
1922	-	-	-	-	-	-	-	2,357,611
1923	-	-	-	-	-	-	-	2,326,444
1924	-	-	-	-	-	-	-	2,200,214
1925	-	-	-	-	-	-	-	2,122,214
1926	-	-	-	-	-	-	-	2,101,160
1927	-	-	-	-	-	-	-	4,656,374

*注：原資料中為 617,525，作者根據推算應為 797,525。

　　中原大戰以後 1931 年到 1937 年山西省地方支出結構仍然以軍事費用為最大支出項，只是改稱為協助費，基本占到全部支出的一半以上。除此以外，教育文化費和行政費用也佔據較大比重，均占到全部支出的 10%左右。教育是人才的培養，山西省政府深知近代化變革需要文化的升級，民智的健全，因而對教育十分重視，人力資本是技術水平提高的實際操作者，是經濟建設的促進力量，有利於提高山西省產業結構，提高工業化科技含量。行政費用則是配合「山西省十年省政建設計劃案」中的政治建設，從制度建設著手提高資源的利用效率。事業費變化較大，從 1931 年的 710,114 元增長至 1937 年的 3,311,071元，實業費、事業費、建設費三項經費之和從 1,353,487 元增致 3,438,892 元，三項占比從 7%左右，增至 14%左右，可見山西省政府對經濟建設不斷加大投資力度，以財政力量促進經濟發展，推動近代化變革。

表格 2-10　年山西省地方支出結構（1931～1937）〔註36〕

科　目	1931	1932	1934	1935	1936	1937
黨務費	287,150	222,600	116,860	116,860	166,860	166,860
行政法	1,758,149	1,848,064	1,454,458	1,575,198	1,568,458	1,751,672
公安費	480,546	392,824	292,098	291,458	341,035	411,799
司法費	-	735,118	490,084	539,903	658,404	881,366

〔註36〕中共山西省委調查研究室編：《山西省經濟資料（第四分冊）》，1963 年版，第734 頁。1933 年數據在原史料中缺失。

財務費	848,523	850,378	735,742	735,282	727,982	1,059,301
教育文化費	1,613,283	1,839,918	1,469,279	1,453,803	1,680,258	1,692,714
實業費	323,514	103,527	93,900	61,132	70,425	45,009
事業費	710,114	327,038	921,214	979,337	2,980,247	3,311,071
建設費	319,859	132,714	89,264	80,983	74,666	82,812
協助費	10,797,000	6,838,109	9,139,407	8,722,030	792,000	1,452,000
預備費	160,000	167,421	347,212	361,369	321,231	419,866
衛生費	-	103,975	83,399	81,399	90,472	90,472
地方營業資本支出	-	120,000	-	-	-	-
臨時費	467,978	-	-	-	-	-
撫恤費	-	-	21,000	21,000	21,000	21,000
其他支出	-	-	-	-	5,932,517	12,603,381
歲出合計	17,766,116	13,681,686	15,253,917	15,019,754	15,425,555	23,989,323

從整體而言，占山西省財政支出最多的為軍費開支，「儘管軍費按原則上從中央政府支出，但自 1925 年中央政府支出 564 萬元後，就一直沒供給」〔註37〕，除了賬面上預算的軍費外，還有為了掩人耳目所設置的「協助費」「預備費」「臨時費」「債務費」等也常常是用於軍務的開支，「軍費實支之額，猶遠過於預算之數」〔註38〕。另外，對文化教育事業和公營建設事業的投入較高，體現出政府建設發展方向偏重於對經濟溢出效應較大的人才培養和資本積累，具體各項事業的投入將在後文中進行分析。

山西財政支出提高，伴隨著近代化程度加深，工業化逐漸興起並發展，人口密集化程度增強，城市化和高居住密度一方面導致外部擁擠性問題，政府為平衡這一負的外部性，就需要增加支出進行干預和管制，以削減發展阻力。另一方面經濟體量增大、經濟活動頻繁客觀上增加了市場中交易人之間的談判、監管成本，增加了對政府治安、司法等方面的要求。最後，一些需求收入彈性較大的教育、娛樂等公共服務，要求政府增加支出來擴大供應，

〔註37〕武靜清，陳興國：《十九世紀末二十世紀初葉　山西財政與經濟》，北京：中國財政經濟出版社 1994 年版，第 180 頁。

〔註38〕黃紹緒，江鐵主編：《重編日用百科全書》，上海：商務印書館 1934 年版，第 87 頁。

以滿足因人們收入上漲而增加的公共需求。因此，公共支出與工業發展呈正相關，即隨著工業化進程的推進，人均國民生產總值越高，則公共支出占國民收入的比例也相應提高。山西財政支出的連續提高，符合這一發展規律，與山西近代工業化程度不斷加深相符，其增長速度之快，也從側面反映了山西近代化發展速度。

第四節　山西財政收支比較情況

一、財政收支之基本情況

從財政收支整體來看（見表格 2-11），在 1912 到 1927 年大部分年份山西財政都處於收不抵支的赤字狀態，這一時期歲入預算和歲出預算都在增加，但收入總額的增長幅度小於支出總額的增長幅度，除 1916 年和 1919 年不太正常外，其餘年份均處於虧損狀態，且財政赤字逐年加大，到了 1926 年和 1927 年中原大戰前夕，財政赤字大到 1800 萬元和 3000 萬元以上，占到支出總額的 60% 和 70% 以上。這種狀況出現主要有客觀和主觀兩方面原因。首先是客觀原因，民國初年雖然有整頓財政政策，但礙於清末積欠較多，外債累加，財政處於較為混亂的局面。主觀原因是山西省政和軍隊開支龐大。一方面為提高軍事和政治力量，擴充軍隊數量，軍費開支與日俱增。另一方面為發展經濟力量，採取擴張性的財政政策，增加財政赤字，通過增加地方債務等方式籌集款項，主動擴大政府投資規模和購買力度，以求拉動經濟發展，帶動民間資本，縮小與沿海沿江等地區的經濟差距。

二、財政收支之社會影響

採取積極的財政政策一方面有利於產業迅速擴張，推動原始資本積累，快速擴大經濟體量，在近代化初期進行工農業和市場的基礎建設。但另一方面也造成巨大的財政負擔，雖然後來通過多種方式轉折彌補，但已無法扭轉赤字危機。無奈之下只能通過增發貨幣的方式加以解決，結果造成通貨膨脹下貨幣貶值更大的經濟危機。1920 年代末晉鈔增發貶值，貨幣信用俱降，引起山西省內經濟危機。1931 年以後山西省地方財政預算收入和支出基本平衡，這種平衡是吸取了經濟危機的經驗教訓做出的較為平衡的財政預算，但鑒於實際財政收支與預算有一定差池，因此實際情況可能仍存在一定赤字。

表格 2-11 山西省歷年財政收支（1912～1927 年）〔註39〕

年　份	收入總額	支出總額	收支差額
1913	7,661,264	7,924,705	-263,441
1914	6,972,952	7,699,755	-7,699,755
1916	8,935,374	6,922,386	2,012,988
1917	8,290,208	9,034,283	-744,075
1918	8,457,348	10,085,761	-1,628,413
1919	9,513,819	8,827,177	686,642
1920	7,499,458	10,585,858	-3,086,400
1921	9,591,274	10,402,861	-811,587
1922	9,695,612	10,561,597	-865,985
1923	9,664,445	10,684,041	-1,019,596
1924	9,530,940	10,766,749	-1,235,809
1925	9,452,940	13,944,061	-4,491,121
1926	9,431,886	28,279,371	-18,847,485
1927	14,407,624	44,593,016	-30,185,392

第五節　山西銀行金融與貨幣

　　銀行業是所謂商業信用媒介，關係到流通中的貨幣量，對市場活動至關重要。政府通過對銀行業的控制可以對經濟採取適當的貨幣手段進行調節，因此一般為中央政府所嚴格管控。通常而言貨幣鑄造權是中央政府專有權利，地方政府不應被賦予這一權利，「一旦地方政府擁有貨幣權，就意味著地方政府不僅對本地區，同時也對其他所有地區的資源擁有無限追求的權力」〔註40〕，能夠通過發行的貨幣來擴大其購買能力，不僅使全國貨幣金融陷入混亂狀況，還將導致無限的通貨膨脹。加之「所謂此種企業對於國家財政，甚難有獨立的性質，往往因財政上之便宜，而犧牲市面之需要，且遇戰

〔註39〕1913～1921 年數據來源山西省長公署統計處：《山西省第三次財政統計（民國十年分）》，1926 年版。1922～1927 年數據來源山西省政府統計處編纂：《山西省第九次經濟統計正集（民國十六年分）》，民國 19 年刊行。

〔註40〕樊勇明、杜莉編著：《公共經濟學》，上海：復旦大學出版社 2001 年版，第 194 頁。

時，每有委其財產於敵之危險等。」〔註41〕但在民國時期，中央政府的權利較弱，導致地方政府紛紛染指貨幣發行以謀求利益，除山西外，雲南、江西等地都有發行各自的貨幣，且流通於當地之外的其他國內市場，成為地方籌集資金的一種方式。

一、整頓金融，統一貨幣

民國初期山西市場呈現流通中的貨幣混亂繁雜的局面，「為其種類，異常複雜，蓋大自銀行，小至各錢局錢莊乃至於當鋪，均多有兌換券，或小額錢票之發行。」〔註42〕一方面山西各地使用的銀錢計算單位有以兩計者、有以元計者、還有以錢計者，且制錢的計算單位也不統一。另一方面發行機構混雜，私營商號均有發行銀錢、銀票、帖子等情況。不但交易十分不便，而且管理困難，往往出現超過私營商號兌付能力，導致商號破產，使商民財產受損，市場亟需整頓。從省政府的角度來講，財政權多在中央，特別是田賦收入和軍費支出都由中央管理劃撥，閻錫山所管的督軍公署只能領取公署餉項，而大刀闊斧的「六政三事」「厚生計劃」等都需要大量資本投入，只有取得山西金融控制權，才能將財富掌握在政府手中，才能發揮貨幣政策引導經濟發展的作用。

民國初年由省軍政府籌辦山西官錢局，保管財政司所管的包括田賦附加在內的地方收入，經理省庫款項收支，成為閻錫山統治所需費用的供給部門，並發行銀元票。1917 年該局發行的紙幣在市場上流通的大銀元票 53,723 元，小銀元票 9,097 元〔註43〕。官錢局在業務上主要經營財政款項，在商業方面涉及較少，以 1913 年為例，官錢局存款總額 507,500 元，其中 81%為公款，僅 18.17%為商業存款；放款金額共 465,100 元，其中 95.68%為公款，僅 4.32%為商業貸款。當時營業額十分有限，資產運用僅為實收資本的 3 倍多，1913 年發行貨幣僅占全省銀錢業總發行量的 7%～8%。

為彌補官錢局在商業經營範圍上的局限性，改革近代金融體系，1913 年閻錫山截留軍款作為個人資金入股，成立晉勝銀行，「本行係閻大都督發起，

〔註41〕陳啟修：《財政學總論》，上海：商務印書館 1924 年版，第三編第 28 頁。
〔註42〕全國經濟委員會：《山西考察報告書》，1936 年版，第 309 頁。
〔註43〕王尊光、張青越：《閻錫山對山西金融的控制和壟斷》，載於山西省政協文史資料研究文員會：《山西文史資料全編（第 2 卷）》（第 14 輯～第 25 輯），1999 年版，第 231 頁。

以維持市場，流通全省的金融為宗旨，故根據其中光復晉的意思，取名晉勝銀行。」〔註44〕由該行辦理政府各級單位財務款項業務，並代理軍餉款項，實際上成為閻錫山通融財政款項，取得財政支配權的機構。另外還開展正常的商業金融業務，發放貸款、吸收存款，代辦交通銀行在山西的業務往來，一定程度上具有近代金融業性質。

為了進一步統一貨幣，整頓省內混亂的貨幣金融局面，將山西省金融集中於省政府控制之中，1918 年成立山西銅元局，收買原先五花八門的制錢和雜銅，並發行官制銅元，壟斷省內貨幣發行權。並成立機器局，負責鑄造銅元。1919 年頒布《劃一幣制暫行規則》和《山西省發領銅元規則》〔註45〕，要求山西境內交易一律用銀元和銅元，取締銀兩及制錢，各縣商戶解交制錢，分領銅元。銅元局由此獲利甚多，到 1926 年撤銷之時，已獲利二百多萬元。1928 年頒布《禁止商號私發銀元紙幣懲罰規則》〔註46〕，要求各商號銀元紙幣在三個月內收清銷毀，否則一經查出，按 3 倍以上 10 倍以下處以罰款。1929 年頒布《山西省查禁私發紙幣規則》〔註47〕，規定山西省境內除中國銀行、山西省銀行發行的紙幣外，其餘一概禁止。

二、成立山西省銀行，發行晉鈔

為將發行貨幣利益完全收歸公有，對私營錢莊、銀號等形成擠出之勢，以應對軍政費用的增加，並藉此把握山西經濟命脈，1919 年將官錢局改組為「公私合營」的山西省銀行，代理省金庫，發行兌換券。自此山西出現了實質上的地區「中央」銀行，能夠通過制定貨幣政策，強有力的控制地區金融市場。

山西省銀行自成立之時，就成為山西省政府重要的收入來源。在籌建時，通過募集資金吸收社會資本，以 100 元一股公開募股，其中除了省議會 10.3 萬元認購 1030 股外，其餘均為私股。出資 2 萬元以上認購 200 股以上的股東

〔註44〕山西省地方志編纂委員會編：《山西通志·金融志》，北京：中華書局 1991 年版，第 69～71 頁。

〔註45〕中國人民銀行山西省分行，山西財經學院金融史編寫組編：《閻錫山和山西省銀行》，北京：中國社會科學出版社 1980 年版，第 37 頁。

〔註46〕山西省政府秘書處編：《山西省政現行法規彙編》，1928 年版，第四類財政。

〔註47〕中國人民銀行山西省分行，山西財經學院金融史編寫組編：《閻錫山和山西省銀行》，北京：中國社會科學出版社 1980 年版，第 40 頁。

數為 23 個（其中出資最多的為大同商會出資 3 萬元認購 300 股），出資 1 萬
元以上認購 100 股以上的股東數有 44 個，出資 3000 元以上認購 30 股以上的
股東數有 37 個，其餘 14,198 股共 141.98 萬元為散戶認購，共募集資本 300 萬
元。〔註48〕其中各縣商會出資最多，「如大同、崞縣、代縣等，多者一萬五千
元，少者亦三、四千元」〔註49〕，還有晉商大賈祁縣喬家、渠家、太古曹家等
也出資不少，還有閻錫山屬下慶春堂、徐一清等眾人均有不等股金。通過這種
公私合營的方式，將省內地主、商人和軍閥的錢財彙集成資本，作為原始資本
積累投入近代事業當中。

其次，通過銀行市場業務吸收存款、發放貸款，賺取商業利潤。存款方
面，山西省銀行所吸收存款占全省各銀行存款總額的 39.02%。1926 年《北
方快覽》曾刊登山西省銀行儲蓄部的廣告：

> 茲為優待儲戶起見，特將利率增高並加支息定期一種，專為儲
> 戶支付月費之便。他如養老、婚嫁等費及學校、醫院各種慈善事業
> 之基金，利息更特別從優以答。顧客之雅意且以喚起，各界儲蓄之
> 興趣，若蒙賜顧，無任歡迎。〔註50〕

因此存款來源除了公共團體占 70%左右外，住戶存款基本佔了其餘份
額。貸款方面，1935 年山西省當時各銀行放款總額 840 餘萬元左右，其中
省銀行放款 590 餘萬元，占市場份額的約 71%，可見當時銀行對募集社會資
金所起到的作用。貸款發放方向則以商業為最多，其次是工業、公共團體和
同業貸款，對農業和住戶基本沒有發放貸款。山西省銀行在省政府的積極推
動下，將中央銀行和外省銀行勢力逐漸排擠。據調查，無論是中國銀行在太
原、大同的辦事處，還是上海交通銀行或天津裕華洋行等在山西的勢力，都
無法與山西省銀行相抗衡，使山西省銀行成為山西最大的金融機構。

〔註48〕《北洋政府財政部檔案》，卷一零二七-385，轉載於中國社會科學院近代史所、
　　　　中華民國史研究室主編：《閻錫山和山西省銀行》，北京：中國社會科學出版社
　　　　1980 年版，第 25～29 頁。
〔註49〕徐瑞楚：《閻錫山統治下的金融》，中國人民政治協商會議山西省太原市委員
　　　　會文史資料委員會編：《太原文史資料》（第 6 輯），太原市政協文史資料委員
　　　　1986 年版，第 141 頁。
〔註50〕賈立進主編：《民國太原》，太原：山西人民出版社 2011 年版，第 198 頁。

表格 2-12　山西省銀行與其他銀行存貸款比較表 [註51]

行　別	存款總額（元）	存款占比（%）	貸款總額（元）	貸款占比（%）
山西省銀行	1,390,971.00	39.02	5,988,170.00	71.13
其他銀行	2,173,584.19	60.98	2,431,018.51	28.87
合計	3,564,555.19	100.00	8,419,188.51	100.00

　　最重要的是，通過發行貨幣，充當印鈔機，直接充盈軍費和各項開支。從1919 年到 1928 年，晉鈔發行量從 40 萬元增至 900 萬元。[註52] 另外，除了發行晉鈔外，還代理省金庫發行「金庫券」，自 1912 年前後到 1928 年對軍政人員每月薪資按 20%發「金庫券」，六個月以後才能兌現。[註53] 儘管晉鈔發行初期並未的到社會信任，但經過省行逐漸擴大營業範圍，在榆次、大同、晉城、洪洞、汾陽等處成立分行或辦事處，晉鈔日益被接受。1929 年前「鈔票信用最佳者首推省銀行」[註54]，即使在 1928 年擠兌風潮下，1 元晉鈔仍能足額兌換 1元現洋，更加鞏固了晉鈔的地位。當時中國、交通兩行發行的貨幣信用不足，經常只能四五折兌換，而晉鈔能保證十足兌現，人民多持券保存，不予流通兌現。晉鈔「一躍為全國金融界的貨幣熱門，暢通北方，揚名全國，進入黃金時代。」[註55] 不僅在省內，在華北北京、天津、河北和綏遠乃至東北各省也廣為流通，「故石家莊、保定、北京市面，均樂使用，不虧不折，與現洋無異。」[註56] 河北省就有各機關經費搭發晉鈔，並各縣財政搭解晉鈔的情況 [註57]。

[註51] 數據來源自實業部國際貿易局編印：《中國實業志（山西省）》，1937 年版，第八編第一三四（辛）、一三九（辛）頁。

[註52] 徐瑞楚：《閻錫山統治下的金融事業》，中國人民政治協商會議山西省太原市委員會文史資料委員會編：《太原文史資料》（第 6 輯），太原市政協文史資料委員會 1986 年版，第 141 頁。

[註53] 王尊光、張青越：《閻錫山對山西金融的控制和壟斷》，載於山西省政協文史資料研究文員會：《山西文史資料全編（第 2 卷）》，1999 年版，第 231 頁。

[註54] 《山西金融之現狀》，《商業雜誌》1927 年第 2 卷第 5 期，轉引自任志敏：《閻錫山發行晉鈔研究 1917～1936》，陝西師範大學 2014 年碩士畢業論文。

[註55] 董良臣：《記「晉鈔」與銀號、鐵莊行業的興衰》，載於中國人民政治協商會議山西省太原市委員會文史資料委員會編：《太原文史資料》（第 11 輯），太原市政協文史資料委員會 1988 年版，第 110 頁。

[註56] 《銀行月刊》第 8 卷第 3 號 1928 年 3 月，轉引自孔祥毅主編：《民國山西金融史料》，北京：中國金融出版社，2013 年版，第 415 頁。

[註57] 《河北省財政廳訓令第三五二五號》，中華民國十九年八月二十七日；《河北省財政廳指令第一九三三〇號》，中華民國十九年十二月十五日。

　　然而從 1928 年起，為了準備倒蔣戰爭，籌備軍費，將發行晉鈔當做搖錢樹，肆意濫印濫發，到 1930 年在準備金不足的情況下晉鈔發行量 9600 萬元，是 1928 年的十倍之多。隨著閻錫山中原大戰敗北出逃，晉鈔信用隨之大跌，引起搶兌風潮，特別是流通於省外的晉鈔大量湧回山西，更加劇了省內晉鈔貶值，致使「省鈔暴落，多數商民瀕於破產，其受創之深，無時或忘。自是晉民對紙幣之信用，一落千丈。」〔註 58〕

三、重拾貨幣信譽，擴大金融控制

　　1932 年閻錫山重新執掌山西，對山西經濟建設的集中力度增大，加深了省內公共化程度，首要做的就是著手改組山西省銀行。為減少私人股東對省銀行經營的干預，將經營和發行貨幣的收益集中收回，並提高集權控制程度和宏觀調控力度，山西省銀行由「公私合營」改組為「官營民監」，正式成為全資公營企業。為恢復提高晉鈔信用，修正省銀行章程，將舊晉鈔收回，發行新晉鈔，嚴格規定概不墊借軍費，並儘量提高現金準備金率，到 1935 年準備金達到八成之多，其營業逐漸穩定，晉鈔信用逐漸恢復。在其刊登的廣告中明確寫出：

山西省銀行

本行前奉：

　　山西省政府辦法修正章程，定為官營民監，以調劑全省金融，扶持經濟建設為宗旨，概不墊借軍政各費。自二十一年七月改組營業，專辦匯兌，發行期票，存款，放款，貼現，買賣生金銀即各種證券、期票。代理收解款項，保管票據即貴重物品。並兼營儲蓄業務，手續敏捷，費用克己。如蒙惠顧，毋任歡迎！〔註 59〕

表格 2-13　1935 年山西省紙幣發行額概覽〔註 60〕

發行機關名	發行額(元)	備　　考
山西省銀行	5,225,501	據該行所報
晉綏地方鐵路銀號	1,300,000	據該號經理談

〔註 58〕全國經濟委員會：《山西考察報告書》，1936 年版，第 312 頁。
〔註 59〕山西民社編：《太原指南》，北平民社，1935 年版，廣告頁。
〔註 60〕全國經濟委員會：《山西考察報告書》，1936 年版，第 311 頁。

綏西墾業銀號	480,000	據該號經理談
晉北鹽業銀號	230,000	據該號經理談
共　　計	7,235,501	

　　儘管如此，晉鈔在省內流通仍不足全省區域的三分之二，不如銀元和銅元更受歡迎。加之南京國民政府中央銀行、中國銀行和交通銀行發行的法幣開始流通以後，由於匯兌不便，晉鈔於省外的流通頗受限制。為彌補晉鈔流通不足問題，晉綏地方鐵路銀號、綏西墾業銀號、晉北鹽業銀號相繼成立，為保證其銀行信用，分別將同蒲鐵路、綏西屯墾事業和山西鹽產作為保證，三號均將省行的兌換券作為準備金，發行類似貨幣性質的兌換券，將貨幣擴展到金庫券、實物準備券、兌換券、土貨券、借款券等，與山西省銀行並稱為四大銀行，大力擴張銀行資本。1935 年，四大行共發行晉鈔 7,235,501 元，其中仍以山西省銀行最多為 5,225,501 元（見表格 2-13）。另 1935 年國民政府幣制改革，限制各省發行紙幣，要求將中央四行發行紙幣定為法幣，停止兌現金銀，山西省借機成立實物準備庫，即「省、鐵、墾、鹽四銀號實物十足準備庫」，拋出晉鈔大肆購買糧食、棉花等實物物資，宣揚以十足的實物為準備，較原先以六成金銀為準備更加確實可靠，以提高晉鈔和四銀號的公信力。1937 年山西省銀行發行現金 3,734,193 元，法幣 2,870,912 元，證券 1,265,856 元，貸付金 4,399,151 元，準備庫實物價值 3,957,933 元。〔註61〕如此措施，促進了山西境內的貨幣重拾信譽，山西省政府對於金融的控制能力逐漸強化。

四、金融控制的影響

　　成立省銀行，統一金融貨幣，發行晉鈔是山西省獨立於中央政府之外控制本省經濟的一項重要措施，對山西省的軍閥勢力擴張和經濟發展產生了重要影響。

　　首先，在晉鈔發行初期，對當時混亂的貨幣狀況起到了積極的整合治理作用，增強了山西省政府宏觀調控經濟的能力。1920 年《劃一幣制暫行規則》的將銀元、銅元和晉鈔作為商業交易規定貨幣，取締私營發行紙幣、私貼等，規範了流通中的貨幣，穩定了金融市場環境。「逮至十五六年，各縣

〔註61〕（日）南滿洲鐵道調查部：《「北支那」通貨金融調查資料》，1937 年版，第 233 頁。

市私家紙幣，大抵一律撤銷，於是全省紙幣，遂統一於一宗矣。」〔註62〕省政府取得自主決定發行貨幣量、貨幣準備金率和貨幣兌換率的能力，能自主運用貨幣政策調控全省經濟，增強了山西省政府在經濟建設上的控制能力。金融統制是經濟統制的一部分，隨著經濟統制程度的加強而逐漸加強，實物準備庫成立後，山西省政府每週定期召開「準備庫會議」，閻錫山親自主持，太原經濟建設委員會副委員趙戴文、山西省人民公營事業董事長陸近禮、經濟統制處處長等主要領導、四銀號經理、準備庫經理等主要人員均需參會，實際上成為山西金融政策的高級別會議，重要措施都經該會討論決定。緊接著成立山西省金融委員會，更是將金融控制訴諸於行政手段。

其次，晉鈔的發行促進了山西軍事實力的增強。按照規定軍費開支應歸國家財政支出項目，但由於各地軍閥與中央政府貌合神離，因而軍費多通過剋扣國家財政收入或自行籌集所得。「而軍閥辦銀行則主要在於發行紙幣，籌措軍費」〔註63〕山西軍隊從民國初年開始經過四次擴軍，軍費持續增加，地方財政無法支持全部軍餉。「當時七十多萬倒蔣軍隊的餉項，幾乎全靠山西省銀行的印鈔機。」〔註64〕「那樣每月一千多萬元的軍費……所以又印發了六百萬軍用流通券、三千萬山西省鈔票。」〔註65〕山西省銀行積累的利潤不僅支持了軍隊的開支，擴大了軍事力量，還通過支持軍工廠生產軍械，提高了軍事水平。當時投資的山西火藥廠經過1928年的擴建，其「規模之大，設備之新，能力之強，當時在全國首屈一指。」〔註66〕

再次，為公營事業的發展積累了資本。山西省從「銅元製造局」發行銅元開始獲利並攤募地方款共500萬元（銀元），有「財神廟」之稱，「這是閻錫山官僚企業的一項主要原始資本」〔註67〕，「後來兵工廠擴展的基金實基

〔註62〕《晉陽日報三十週年紀念特輯・三十年來之山西》，晉陽日報社1936年版，第58頁。

〔註63〕孔祥毅：《蔣閻馮中原混戰與晉省金融》，山西財經學院學報，1980年第2期。

〔註64〕山西省地方志編纂委員會編：《山西通志・金融志》，北京：中華書局1991年版，第73頁。

〔註65〕《民國日報》（上海版）1930年6月21日，載於賈立進主編：《民國太原》，太原：山西人民出版社2011年版，第43頁。

〔註66〕李茂盛主編：《民國山西史》，太原：山西人民出版社2011年版，第159頁。

〔註67〕中共山西省委調查研究室：《山西省經濟資料（第四冊）》，1963年版，第15～16頁。

於此」〔註68〕。山西省銀行成立並發行晉鈔之初，正值「厚生計劃」出臺之際，計劃中對工業方面的支持費用高達 2,275.6 萬元之多。〔註69〕山西省政府依靠山西省銀行控制金融業，不僅發行晉鈔統一貨幣管理，還通過存款業務聚集民間資本，再運用貸款放款的宏觀調控手段，引導資本流向，將資本投入到近代工業當中，以強有力的金融保障推動工業發展，並儘量做到資源優化配置，推動了山西近代工業體系的快速建成。即使在 1930 年前後晉鈔貶值情況下，公營事業也未為受到較大影響。1932 年後四大銀行體系更是將支持和扶持經濟建設作為核心任務，向省建設金庫劃撥比重占到純收益的65%左右〔註70〕，為兼併收購私營工業提供了資金支持和保障（詳見第三章），使原有公營事業得到恢復發展，促進了西北實業公司的建立和擴大規模。1935 到 1936 年間，山西省銀行向西北實業公司以月息八釐發放貸款 30 萬元，向晉華捲煙廠以月息 9 釐發放貸款 50 萬元，向斌記商行以月息一分發放貸款 9 萬元。〔註71〕

再其次，濫發晉鈔引起山西金融危機。1930 年晉鈔發行量達到一億元，又沒有足夠的準備金和市場購買力，引發嚴重的金融危機，紙幣貶值，通貨膨脹。「並商號遽行拒收晉鈔，各遊藝院及勞工界因鈔跌影響，紛紛歇業，各路汽車停開，交通阻塞，各機關學校均向省政府要求發現。晉鈔每元僅抵現洋一角餘，全社會頓陷入恐慌。」〔註72〕商戶破產，全省商號較 1928 年以前減少三分之一〔註73〕；工業產量下降，鐵礦產量由 1929 年的 254000 噸下降為 1931年的 57050 噸〔註74〕；人民財富驟減，存續如廢紙，特別是依靠工資收入的勞

〔註68〕孔祥毅主編：《民國山西金融史料》，北京：中國金融出版社 2013 年版，第 124頁。

〔註69〕王翔：《閻錫山與晉系軍閥》，南京：江蘇古籍出版社 1999 年版，第 92 頁。

〔註70〕米嘉，楊軍：《民國時期中國地方官營貨幣發行機構的演化：一個隱喻的視角——基於抗戰前山西省「四銀行號」的研究》，《雲南財經大學學報》，2017 年第 5 期。

〔註71〕根據省公安局檔案：《山西省人民公營事業董事會檔案》12・1～208 卷統計整理，轉引自孔祥毅：《閻錫山和山西省銀行》，北京：中國社會科學出版社 1980年版，第 98 頁。

〔註72〕《民國日報》（上海版），1931 年 9 月 21 日，載於賈立進主編：《民國太原》，太原：山西人民出版社 2011 年版，第 202 頁。

〔註73〕賈立進主編：《民國太原》，太原：山西人民出版社 2011 年版，第 218 頁。

〔註74〕孔祥毅：《蔣閻馮中原混戰與晉省金融》，《山西財經學院學報》，1980 年第 2期。

動者，儲蓄貶值，生活受到嚴重影響。「以霜背鈔逐漸貶值，一文不值，存有晉鈔之商人，虧累倒閉，手拿晉鈔的居民，買不到生活用品，傾家破產，尋死上弔者日有所聞。」[註75] 進而引起了各界恐慌和社會的混亂。作為原始資本積累的手段，社會財富通過山西省銀行發行貨幣將財富聚集到山西省政府公有資產當中，而貨幣貶值卻使小生產者和普通勞動者經歷了財富流失的痛苦。

〔註75〕孔祥毅主編：《民國山西金融史料》，北京：中國金融出版社，2013 年版，第261～262 頁。

第三章 民國山西公營事業的發展

　　20 世紀初，資本主義制度逐漸暴露出其固有矛盾，世界性的經濟危機難以克服的週期性爆發，為減弱其破壞程度，自由資本主義在自我保護的動機下逐漸演變為壟斷資本主義，學術界也出現凱恩斯主義風潮，主張國家干預經濟，滋生抵禦經濟危機、保護本國經濟的國家壟斷資本主義，並加大了對殖民地和半殖民地的傾銷。

　　我國受外貨傾銷的影響，傳統手工業逐漸陷入沒落的命運。山西雖身居內陸，也難於幸免，李希霍芬就曾舉山西製針業衰落為例，認為「這就是廉價優良外國品輸入的結果……這不僅是北方衰退的相對的原因，乃是絕對的原因」〔註 1〕。隨著近代化程度不斷加深，工商業近代化速度加快，民營資本存在的規模較小、技術水平有限、市場競爭力不足等諸多缺陷逐漸體現出來，以政府為代表的公共團體為彌補民營經濟缺陷，作為工商事業的組織者發展起來漸成趨勢。特別是地方工商業企業，相比私營企業具有規模較大、組織嚴密、技術水平較高等優點，相比國家官營資本又能夠避免壟斷導致的進步動力不足和遠離消費者的弊端，對於當時地方割據勢力而言又成為政治競爭的財力支持，因而得到推崇和發展。本文所指公營事業便是地方政府出資所辦的工商業企業。「地方公營事業可謂利多害少，故地方工業又日益加多之勢，而國家官業則否。」〔註 2〕而就工商業特點而言，輕工業所需資本較少，因而民間參與較多，而重工業所需資本較多，非一般商人可輕易染指，

〔註 1〕周宋康編：《分省地志・山西》，上海：中華書局 1939 年版，第 111 頁。
〔註 2〕陳啟修：《財政學總論》，上海：商務印書館 1924 年版，第三編第 21 頁。

自行發展的要素較為缺失，但由於其基礎工業地位，其溢出效應往往要大於輕工業，因而是政府扶持的重點。

　　公營事業的發展一方面可以推動地區經濟，另一方面也可以促進地方政治集權化，因此受到山西當權者的推崇。為獲得社會民眾對公營事業的支持，當政者列舉公營事業相對私營事業而言所具有的優勢，「商業公營，則有時可以賠錢競銷，爭奪市場，抵制外貨之傾銷，所絕非私營所能為力。」〔註3〕認為公營事業是「工人、資本家和公家一舉三得之利。並公營事業，是公營其資本。工廠商店仍用工人商人為之。就給工人商人言，其職業如故，薪資且較私人經營下為優。就工商事業本身而言，亦利於公營也。就資本家而言，公營事業之資本，係息借於社會，資本家不但可免因經濟恐慌而受重大之賠累，且可得相當而穩當之利息。就公家言，將資本家剝削勞動者之利益，向供其作驕奢淫逸之資者，一變而為發達國家富強文明之資。一舉數得，其為今日為政之所當先者，實無過於此。」〔註4〕並承諾不與民爭利，保障商人利益，「將來公營之後，仍由商人經營，商業既能不倒，且進而能發展，不但無疑於商人之職業，而且公營事業規模。」〔註5〕

　　由此，山西政府大力投入發展近代工業，增強其地方競爭優勢。一方面鼓勵私人興辦近代工業，頒布《獎勵興業章程》對興辦企業、投資實業以及發明改良製造品者進行獎勵。另一方面利用政府力量與資金興辦公營事業，特別是在機械、礦產等重要行業和金融、外貿等關鍵領域，以公營事業為主導。公營事業早期多採取公私合營的方式，利用槓桿作用吸收私人資金，將社會私人資本和公共資本相結合，利用有限的公共資金資源盡可能擴大投資範圍，提高公營事業規模和對經濟的控制能力，以加快建立經濟體系的速度。山西省公營事業在抗日戰爭以前的發展可以 1917 年閻錫山擔任督軍兼省長和 1932 年公營事業董事會成立為界，劃分為早期的萌芽時期（1912～1916）、發展時期（1917～1931）、興盛時期（1932～1937）3 個階段。

〔註3〕《閻伯川先生言論輯要（第九冊）》，太原綏靖公署主任辦公處 1937 年版，第 120 頁。

〔註4〕《閻伯川先生言論輯要（第八冊）》，太原綏靖公署主任辦公處 1937 年版，第 12 頁。

〔註5〕閻錫山：《閻伯川先生言論輯要（第九冊）》，太原綏靖公署主任辦公處 1937 年版，第 120 頁。

第一節 公營事業的建立和發展

山西早期公營公司的建立和發展即公營事業發展的萌芽和發展兩個時期，在萌芽時期，由於山西省資本、技術水平有限，發展尚處於起步階段，所能從事的工業為簡單的輕工業。進入發展階段以後，山西將重點放在軍事工業及其相關的重工業上，客觀上為工業格局奠定了基礎，並推動了私營經濟近代化。

一、公營事業萌芽時期

民國初期，山西經濟力量較弱，財政空虛，經濟凋敝，要發展公營事業的能力有限。因此首先將發展重點放在能夠控制省內財政、積累資本的金融業上，成立晉生銀行、山西官錢局，以統一省內貨幣，並經營省金庫，代理地方財政收入。貨幣作為交換媒介是市場經濟的基礎，統一貨幣有利於市場制度的建設和交易費用的降低。而銀行作為金融資本流通的場所，是控制省內金融的重要手段，能夠以此控制省內資本流向，引導省內產業投資方向。

為穩定社會環境，解決戰亂所帶來的流民和晉商衰落後的返晉商人失業問題，興辦山西平民工廠，集中輕微罪犯和無業游民，教授生產技能，從事棉紡織業。後逐漸購入鐵輪機、提花機、縫紉機、仿毛機、平絲機和動力設備馬達，實現了紡織業的機械生產。由於紡織業成本相對較低，且可帶動棉業和桑蠶業發展，較適於民國初期山西，於是 1916 年又成立蠶業工廠，配合生產桑蠶製品。

當時各地之間軍閥混戰不斷，政治形勢十分緊張，因此地方軍事力量也十分重要，是保障地方防務，維持地方穩定的重要內容，成為發展之初的計劃之事。1914 年成立山西陸軍修械所，起初僅能修理槍械、製造刺刀等簡單事務，實力較為有限。

另就山西自身煤炭豐富的資源優勢，興辦大同裕晉煤礦，並將資源利潤收歸公有。

總體而言，民國初年公營事業尚處萌芽階段，資本力量不足，因而發展較為初級，雖然已經是近代工業模式，但技術水平和機械化程度十分有限，資金規模較小。即使是平民工廠和陸軍修械所，也僅能完成較為簡單的生產工作。

表格 3-1　民國山西早期公營公司代表

企　業	成立時間	屬性	地　址	主營業務	變　更
山西平民工廠	1913	官督商營	太原城隍廟	收容無職業游民從事棉織業生產	
晉勝銀行	1913	官商合營	太原帽兒巷	存貸匯兌，設立目的為通融財政款項	
山西官錢局	1913	公營	太原	省金庫	1919年改組為山西省銀行
山西陸軍修械所	1914	公營	太原北門外	修理武器彈藥，下設老虎鉗廠、機器廠、鐵工廠、翻砂廠、鉚釘廠、木樣廠、電器廠	1918年增設銅元廠，鐵工廠併入機器廠
普晉銀礦公司	1915	官商合營	天鎮縣	提煉銀礦失敗，後改營石墨礦滯銷，收購大黃出口	
裕晉煤礦公司	1915	公營	大同口泉	開採煤礦	1919年併入同寶煤礦公司
蠶業工廠	1916	公營	太原前所街		1925年停辦
山西省工業試驗所	1917	公營	太原前所街	根據山西特產原料進行分析實驗，為興辦工業做參考。	1930年停辦，成為山西省工業專門學校實習廠
山西銅元局	1918	公營	太原龍王廟	發行銅元	1926年撤銷
山西省銀行	1919	官商合營	太原鼓樓街	發行紙幣，兼辦省金庫	1923年改為純公營
同寶煤礦公司	1919	公商合營	大同	煤礦	裕晉煤礦和義昌煤礦合併而來
軍人工藝實習廠	1920	公營	太原北門外	下設銅元廠、翻砂廠、熔煉廠、電汽廠、炮廠、槍廠、衝鋒槍廠、機械廠、槍彈廠、炮彈廠、水壓機廠、雙用引線廠、罐頭廠、炸彈廠、銅殼廠、無煙藥廠、炸藥廠、酸廠、壓藥廠、飛機廠、煉銅廠	炸藥廠、酸廠、壓藥廠和無煙藥廠後並為山西火藥廠
泉峰鐵路	1921	公營	大同	為同寶煤礦運輸而設	

育才煉油廠	1924		煤煉油	1926 年停辦，1933年又試辦，未實驗成功
育才煉鋼廠	1924	公營	培養煉鋼人才	後與育才機器廠合併為西北育才煉鋼機器廠
山西軍人煤礦	1925	公營	大同	採煤業	未出煤，1927 年停辦
山西火藥廠	1926	公營		分製酸、炸藥、無煙藥三部	
育才機器廠	1926	公營	太原北門外	機器製造	後與育才機器廠合併為西北育才煉鋼機器廠
斌記商行	1926	公營	太原鐘樓街	經營進口五金、機器、鋼材、電料等	
山西省營業公社	1927	集股	太原	所轄晉豐麵粉公司、晉裕銀號、晉通花店以及晉洪當等五家典當鋪	1932 年又設晉同銀號
晉北礦務局	1928	公私合營	大同	接辦山西軍人煤礦	
晉豐麵粉公司	1929	公營	太原	機器制粉業	1929 年接辦
晉記煙公司	1930	公私合營	太原		1933 年併入晉華捲煙廠
大同麵粉公司	1931	公營	大同	麵粉業	原為私營，1931 年由山西省銀行接辦
晉通花店	1929	公營	榆次	棉花收購和打包銷售	1936 年被實物準備庫接辦

二、公營事業發展時期

　　1917 年開始山西省政府先後制定了「六政三事」和「厚生計劃」等，推動了山西經濟發展，「六政三事」施行開始，山西財政收入大幅增加，給興辦公營經濟提供了財力支持。在這一時期金融仍然是絲毫不可放鬆的政府控制內容，成立純公營的銅元局發行銅元，進而吸收社會資本將官錢局改組為公私合營的山西省銀行，使之具有近代金融的特性，並能夠開展商業業務，盈利能力和宏觀調控能力均得到增強。

工業方面，就當時山西受技術水平所限，儘管已出現現代工業萌芽，但發展仍相對滯後。山西應發展何種工業、如何發展的問題，在計劃之初並不十分明確，需要有計劃有依據的開展實施。因而成立山西省工業試驗所，因地制宜就山西的資源情況加以分析研究，為興辦工業提供理論依據和技術支持，並指導生產建設。試驗所從建設之初的較小規模，逐漸擴大到窯業、化學、分析、機械四個部門，為日後山西工業發展格局的建設乃至西北實業公司的壯大都起到了基礎性作用，後於 1930 年劃入山西工業專門學校，又為培養工業人才做出了貢獻。

總體而言，工業方面依然以軍事工業為重，把陸軍修械所與銅元廠合併成立軍人工藝實習廠，並派人到漢陽兵工廠學習技術，從德國進口製造炮彈槍械等機器，下設三科分別負責機械和槍炮、火藥和炮彈、翻砂和熔煉等工作，成為山西自行製造軍備的開端。到 1926 年已可製造各種火藥、炸彈、手雷、手榴彈等，下轄 21 個製造工廠，工人 800 餘名，日產 4500 枚手榴彈、12 萬發子彈、3200 發炮彈，月產步槍 1500 枝，手槍 500 枝，迫擊炮 300 門和機關槍 30 架，以及野戰炮、榴彈炮等。1926 年將火藥等業務分出成立山西火藥廠，花費 140 萬從德國進口 107 部機器設備，日產硫酸 3 噸、無煙藥 400 多磅。軍火工業形成一定體系後，1927 年改名為「太原兵工廠」，軍火生產能力在國內僅次於瀋陽兵工廠和漢陽兵工廠。

在此基礎上，就山西豐富的礦產資源，先後成立同寶煤礦公司、山西軍人煤礦和晉北礦務局，逐漸擴大煤炭產量，以應對山西工業發展所增加的燃料需求，並成為山西對外貿易交換的重要輸出品。

另外，先後成立育才煉油廠、育才煉鋼廠和育才機器廠，其初衷都是為了軍工需要。育才機器廠建立後生產的銅盂機、銅盂打火機、銅盂切口機、裝火帽機等都直接供槍彈廠使用，成為彈藥廠的上游重要零件製造商，使彈藥廠產量從每日 1.5 萬粒增致 7 萬粒。育才煉鋼廠能生產碳素鋼、工具鋼、合金鋼等鋼種，且成品率在 80% 以上，年產值達到 400 噸。到 1930 年兩廠產出工作母機 300 臺，軍火專用機器和風扇、縫紉機等民用機器共 1000 部，鋼材數萬磅，但兩廠的「生產是無計劃的，唯一的依據則是軍工生產的需要。」〔註6〕

輕工業方面，成立晉豐麵粉公司、晉記煙公司和大同麵粉廠。1927 年山

〔註6〕盧筠：《西北育才煉鋼機器廠》，載於山西省政協文史資料研究文員會：《山西文史資料全編（第6卷）》，1999 年版，第 228 頁。

西經歷自然災害，小麥歉收，麵粉行業收到重大打擊。晉豐麵粉廠即因此原料缺乏而破產拍賣，由山西省銀行接管，後被山西省營業公社收買，改組為官商合辦。大同麵粉廠則為原私營企業「大通麵粉公司」因戰事和災荒導致糧食歉收，營業銳減，無法償還山西省銀行貸款，由省銀行接辦，資本額僅 12 萬餘元。晉記煙公司是有財政廳倡議創辦，計劃出資 10 萬元，將榆次華北煙草公司、太原德記煙草公司和福民煙廠各作價 10 萬元合併成立，成立時德記煙草公司並未加入，因此總資本為 30 萬元。

另外在貿易方面成立斌記五金行，推銷省內產品，採辦銷售五金等材料，並負責進口貿易，成立之初面臨資金不足的問題，章程中所規定的資金 100 萬元僅獲得 30 多萬元，後通過逐級彙報批准補足。

三、早期公營事業發展特點和影響

早期公營事業的發展在萌芽階段因資本和技術水平有限，發展較為初級，所成立的廠礦公司也僅僅進行技術水平較低的生產，工業化程度較低。1917 年以後公營事業進入發展時期，金融、貿易、工礦產業都相繼建立起來，且大力引進技術和人才，原平民工廠和陸軍修械所在這一時期擴大生產規模和生產工藝水平，煤炭、鋼鐵、機械等基礎重工業都建立起來，成為山西工業化基礎。

這一時期的發展重點明確，將資本集中在軍事工業上，對軍工產業的大量投入，形成了山西軍火生產體系，擺脫了槍炮等武器的對外依賴，能夠自行生產供應晉系軍閥的軍事器械。鋼鐵、機械、煤礦和化工等重工業也是圍繞軍事工業發展起來的。但這時的發展計劃性較差，資金由政府下撥，產品以內部配給軍隊的方式不需要進行商品交換，經濟利潤核算更無從談起。但為軍事工業而發展起來的重工業客觀上為山西工業的發展奠定了基礎。煉鋼和機器廠的建立改變了山西在機器和鋼鐵方面全賴進口的狀況，填補了山西製造方面的空白，為山西自行生產機械設備創造條件，為其他行業發展提供機械設備支持，加快了山西工業機械化速度和水平。

另外，這一時期公營事業與私營經濟共同發展，當時山西省政府認為「山西的實業不能不辦，也不能專靠官辦，必須人民負責自動辦理」〔註7〕，除了軍事工業不許商人染指外，其他行業對私營經濟的政策較為寬鬆。加上第一次

〔註7〕李茂盛主編：《民國山西史》，太原：山西人民出版社 2011 年版，第 118 頁。

世界大戰的環境下西方國家放鬆了對中國市場的控制，給民族工業發展的機會。公營事業對私營經濟的推動和促進作用較為明顯，山西進入了一個私營資本主義發展的「黃金時代」〔註8〕。私營工業方面也有了長足發展，煤炭工業方面有西山天成煤窯、晉豐公司等多達40餘家採煤企業，資本總額達9500多萬元，成為山西民族工業的領頭軍。機械鋼鐵工業方面有方順鐵工廠、義成鐵工廠、振元鐵工廠、陽泉保晉鐵廠、萬順鐵廠、以誠鐵廠、華盛鐵工廠、協同機器鐵工廠、聚豐五金機器廠等，山西向近代機器冶煉工業發展。輕工業方面有大同義記電燈公司、大同機器麵粉公司、晉城針織廠、太原晉生染織廠、新絳變昌火柴公司等20餘家，其中以紡織業和麵粉業發展最迅速。私營經濟補充了公營經濟涵蓋範圍較小的問題，呈現多門類、多行業發展趨勢，形成以採煤、紡織和冶煉製造為主，各行業全面發展的產業格局。

第二節　公營事業的興盛

　　1929年世界經濟危機以後，各國都經歷了較長時間的經濟蕭條，國際競爭日益激烈，20世紀30年代國際矛盾劍拔弩張，第二次世界大戰一觸即發。凱恩斯主義開始盛行，認為自由主義存在先天缺陷，需要政府這雙看得見的手來對經濟進行全面干預，才能擺脫蕭條和失業問題。他主張政府擴大公共支出，即增加公共消費和公共投資來刺激經濟活動，促進經濟增長。在其影響下，世界各國紛紛加強政府對經濟的控制，公營事業得到發展和擴大。

　　與此同時，國內同樣面臨中原大戰的混亂局面，閻錫山跟隨倒蔣失敗，在軍事方面偃旗息鼓，政治和軍事力量均被削弱，山西也由於戰敗導致晉鈔大跌，經濟受損嚴重，經歷了貨幣信用危機和經濟危機。1932年閻錫山重返山西獲得軍政大權之後，意識到經濟實力對鞏固政權的重要作用，一方面為了消除蔣介石對自己軍事力量的猜忌和提防，另一方面為了重新得到山西民眾的理解和支持，表面上放棄擴充軍事力量和爭奪政治權利，著力於恢復山西經濟，大規模開發物產，以求所謂「地盡其利」、「造產救國」。

　　山西省政府對世界形勢的分析後認為「現在國際間的鬥爭，是國力的競賽。所謂國力，不單指一個人的力量，是把全國的人力物力都組織化了。經過

〔註8〕景占魁：《閻錫山與西北實業公司》，太原：山西經濟出版社1991年版，第20頁。

組織化以後的國力，才能做到富強文明之國力競賽總動員。」〔註 9〕並提出「經濟國防」，認為經濟國防是經濟的基礎，能夠打破經濟侵略，是保護國內市場的必要建設。合理的經濟國防應該是以物易物、互通有無、互利互惠。而各國盛行的關稅壁壘和山西省政府提倡的「土貨運動」則都是面對已有的經濟侵略所採取的防禦行為，並非合理的經濟國防。由此，政府主張進行「人力物力總動員」，將人力物力組織化，即以組織形式取代市場形式進行資源配置。就此，山西省政府將經濟中心放在發展公營事業上，頒布《山西省政十年建設計劃案》，並建立公營事業董事會。

山西以「造產救國」為口號加大工業發展力度，認為經濟建設應該提倡「合作主義」，即把人力、物力、財力各生產要素集中經營，以增強和鞏固經濟實力。在此指導下，西北實業公司應運而生，利用行政手段大規模兼併私營經濟，統籌山西經濟發展。根據《山西省政十年建設計劃案》中規定，省公營事業經費籌集計劃要求爭取達到一億元，最低也要達到 6,000 萬元，可見山西省政府對改革經濟發展模式，建立公有經濟為主體的經濟結構，發展統制經濟、集權經濟的重視程度。

一、西北實業公司的建立和發展

西北實業公司從 1932 年開始籌備將計劃產業分為特產、礦業、紡織、化工、水利、農業、畜牧、肥料、冶金、交通、商業、銀行共 12 個小組。經過為期將近一年的調研和計劃，以期為各類工廠的建設提供依據。1933 年 8 月 1 日西北實業公司在太原北肖牆正式建廠運行，將 12 個組整合為特產、紡織、礦業、化工 4 個組，由組長選薦廠長，廠長獨立經營，自負盈虧，並制定預期經營目標。特產組包括西北貿易商行、天鎮特產經營廠和河東聯運營業所。紡織組以西北毛織廠為主。礦業組下設西北煤礦第一廠、西北煉鋼廠、西河口鐵礦採礦處、靜樂錳礦採礦處和寧武鐵礦採礦處。化工組規模最大，包括西北窯廠、西北洋灰廠、西北皮革製作廠、西北印刷廠、西北製紙廠、西北火柴廠、西北電化廠。另外原屬壬申製造廠、壬申化學廠和育才煉鋼機器廠的約 20 個工廠也劃歸西北實業公司，重組為西北鑄造廠、西北機

〔註 9〕李冠洋：《對閻錫山的剖析》，載於中國人民政治協商會議山西省委員會文史資料研究委員會編：《山西文史資料全編（第 4 卷）》（第 47 輯），1986 年版，第 959 頁。

車長、西北農工器具廠、西北水壓機廠、西北機械廠、西北鐵工廠、西北汽車修理廠、西北電器廠、西北槍彈廠、西北育才煉鋼機器廠、西北化學廠。到1935 年短短 2 年間，西北實業公司規模迅速膨脹擴大，多數工廠都已建成投產，經營業務也逐漸增加，職工總數達到 7,497 人，資本總數從 1933 年的 500萬銀元增長到 1,600 萬銀元，成為山西省政府推動下公營性質的大型壟斷企業，基本涵蓋了山西近代工業的各個行業。公司因前期投入較大，故前幾年整體盈利狀況為負，1935 年虧損額為 25 萬餘元，從 1936 年開始實現盈利，全年總計盈利 69 萬元，1937 年 1 月到 7 月半年多盈利達到 107 萬餘元。至 1937年，公司職工總數達到 21,000 餘人，總資本額 6,000 餘萬元。〔註 10〕

西北實業公司的成立將整個山西省資源進行整合，將山西約 54 個輕重工業工廠企業進行集中管理，「是一個生產集中化、經營多樣化的工業聯合托拉斯經濟組織」〔註11〕。各廠雖自行經營，原料的供應和產品的銷售都由公司本部集中統一管理。公司本部設營業處，下設 7 個課室，進行市場調研、物資採購和供應、產品銷售、運輸、物資調撥和倉庫管理進行統一調配。

原材料採購由營業處第一課負責，由各基層廠礦提出用料預算報給營業處第三課，營業處第一課比照第三課庫存後提出的採購計劃進行集中採購，採購有市場現貨採購，也有根據未來生產所需訂立採購供應合同的期貨採購，對大量需要的市場普遍存在的物資進行招標，依照價格和質量擇優選定。公司進行整體採購能集中採購量，以發揮規模效應，提高採購談判中的議價能力，降低採購成本。

產品銷售由營業處第四、五、六課室分別管理，第四課負責重工業產品的銷售，如火藥、武器、機械、鋼鐵等；第五課負責化學、非金屬等輕工業的銷售，如陶瓷、皮革、紙、捲煙、火柴等日用品，料器、水泥、耐火材料等材料品，以及燒鹼、鹽酸、硝硝、漂白粉等化學品；第六課負責麵粉的銷售以及針織品、毛線、毛毯、毛呢、棉布、棉紗等輕紡產品的銷售；發電廠所產電力則由公司電業處直接收費。

倉庫管理由第三課負責，公司共有 32 個倉庫，除第一庫為公司直屬外，

〔註10〕鄭彥星：《抗戰前西北實業公司經濟效益分析》，《華中師範大學研究生學報》，2017 年 6 月第 24 卷第 2 期。

〔註11〕盧筠、梁宸棟、喬修文：《西北實業公司的經營管理》，山西省政協文史資料研究文員會：《山西文史資料全編（第 1 卷）》（第 6 輯），1999 年版，第 247 頁。

另 31 個均為基層倉庫。除了日常的採購原材料和生產成品入庫外，還有生產中剩餘物資和廢料等也要入庫，出庫包括生產領用配件、原材料以及銷售產品出庫外，還有物資報廢等出庫。另外，公司內部各庫之間的物資調撥也佔了很大部分，是重要的物資供應來源和物資調配方式，基本能夠解決各廠礦單位的生產所需，使上下游企業的鏈條更加緊密，礦石、生鐵、普通鋼材、焦煤化學輕工產品等都可由公司內部生產供應，發揮出公司集中經營的優勢，實現了公司組織模式下降低交易費用的效果。

運輸由第二課負責，物資調配、產品銷售過程中的物資運輸，設有押運隊，可通過鐵路、公路、航空、河運、海運的多種運輸方式對公司所產煤炭等進行運銷。公司還設有第七課，負責管理銷售所產生的營業稅、各廠產品商標、市場調研和各廠商生產能力的調查統計、以及經濟情報等工作，為公司各項事務提供計劃建議。

二、規模效應下的制度建設

西北實業公司採用集中組織的方式，對山西有限的經濟資源進行統一配置，一定程度避免了當時外部環境不穩定、近代市場經濟制度不完善所帶來的市場交易成本較高的問題，將交易成本內生化，降低了交易費用，提高了生產效率，並且利用公司組織形式實現了佔用較少資金擴大生產規模和生產範圍，提高物資周轉速度和工作效率，一定程度上發揮了集中經營產品銷售和物資採購的優越性。

用組織形式取代市場交換來配置資源，利用行政手段將山西省各項資源進行集中整合，產生規模效應。擴大企業規模可以降低平均成本，一方面通過使用更大型和有效率的機器設備，降低設備的規模成本。另一方面通過長期計劃和制度能夠降低平均管理成本。如西北育才煉鋼機器廠 1934 年～1935 年度結算中，總經費支出 3,868,737.239 元，其中管理經費僅 3,017 元，僅占總成本的 0.08%左右；包含機器設備採購的建設費和租用費共計 255,206元，約占總成本的 6.60%，其餘均為物料成本和人力成本，分別占 69.8%和23.5%左右。〔註 12〕

規模效應的另一大優勢是增強企業市場影響力，提高企業討價還價能力。

〔註12〕劉建生、劉鵬生：《試論「西北實業公司」的經營管理特色及歷史啟示》，《經濟師》，1996 年第 2 期。

企業在要素市場上地位的提高能降低原材料採購價格，在產品市場上壟斷效應的發揮即能通過降低產品價格佔領市場，又可在控制市場份額後提高價格銷售，從而取得壟斷利潤。西北實業公司在引進煉鋼、煉焦等設備時，一方面通過信息採集比較，內部商定向禮和洋行進行採購，另一方面又在公開市場召集各洋行競價招標，迫使禮合洋行降價，以 500 萬餘元購得原 3000 萬餘元的設備。

然而規模壟斷的統制經濟也有其弱點，外部缺乏有效的制約機制，內部缺乏創新和改革動力，超額利潤的存在還容易導致有效投資不足，並滋生尋租行為。為了克服這些缺陷，西北實業公司在建立之時就比較重視制度建設，通過制度來制約管理者行為，並提供有效的激勵和約束機制。

首先，集中與獨立相結合。各廠獨立經營，自主盈虧，引入內部競爭。根據《西本實業公司機器廠管理處所屬十一個廠承辦章程》的規定「各廠營業除關於軍用品由本公司呈准本省最高關係機關製造及銷售外，其普通品營業得自由造銷，不受限制；各廠營業，就各廠能力範圍得自由競爭。」〔註13〕即各廠獨立經營，材料、產品、資金、人員等方面都可自行決定，僅需年終向公司本部報告並上交既定利潤。為其創造一定的寬鬆與競爭環境，以消除壟斷所導致的市場經濟剩餘損失，促進各廠不斷創新技術和提高經營水平，以降低成本提高競爭力。如同蒲鐵路採購開山工具時擬定 4 萬元預算價格，限 2 月內完成，各廠紛紛壓造價爭取訂貨，最終育才機械廠以 2 萬元報價取得這一訂單，並如期完工。這種內部競爭關係促進了各廠生產效率的提高、生產技術的進步以及管理的科學化。

隨著組織規模擴大，組織內部矛盾逐漸顯現出來，特別是廣大技術人員和管理者之間的矛盾，對當時公司新興事業的開拓產生了一定阻力。對此公司對組織結構進行了調整，1935 年從組長、廠長分權制到總管理處集權制，取消各組長，各廠由總管理處經理直接領導。但是這樣全面集權的方式並沒有解決組織問題，而是激化了公司老員工對新指派出任的總管理處經理和部長、處長等領導的不滿。1936 年取消總管理處，改為公司本部營業處，將原先全面集中的形式改為集中經營和獨立經營並行的形式。屬於集中經營的工廠由公司統一計算盈虧，統一進行材料採購和商品推銷，各廠只負責製造。

〔註13〕盧筠：《西北育才煉鋼機器廠》，載於山西省政協文史資料研究文員會：《山西文史資料全編（第 6 卷）》，1999 年版，第 226 頁。

屬於獨立經營的工廠則仍舊自負盈虧、自主經營。這樣將技術領導和經營管理領導加以協調，促進組織結構的升級。公司一切業務都由公司營業處統一指揮，利用傳真和電臺實現從公司本部到各個廠礦的快速聯絡。財務上由公司總部會計處獨立指揮各廠礦會計課，統一核算成本和利潤。工人由「考工定級」決定工資標準，職員則按照職稱等級來劃分工資等級，不是按行政職務標準，而是按業務和技術標準，對技術人員和業務人員的實質工作形成一定的激勵。

其次，統一規範，明確獎懲。要求在生產過程中要求「管理科學化、製造合理化、成品標準化、工作責任化」〔註14〕，規範了生產流程，提高了生產效率，促進保證了生產質量和標準，因產品優質逐漸形成品牌效應。為保證統一規範的執行，對工作人員實行明確的獎懲制度，頒布《西北實業公司考核規則》，其中明確規定了損毀公司名譽、洩露公司機密、徇私舞弊、擅離職守、出勤不當等行為的處罰措施，以及全勤工作、有突出貢獻發明、有著述成果等予以記功、加薪、晉升和獎金等鼓勵措施。還對員工分紅，分甲、乙、丙三種，分別給予純利潤的21%～30%、11%～20%、5%～10%作為紅利，特別傾向於廠礦職員，如西北機械廠廠長所得紅利占紅利總額的24%、其他管理人員18人共分紅利61%，餘留15%的紅利分給工人。〔註15〕調動了管理人員的責任心和積極性，促進了經營管理者提高管理效率。

再次，建立統一的財政制度。為適應這種集中經營管理，公司的會計工作由公司會計處集中管理，對各廠礦公司進行統一會計核算，獨立管理各單位會計課的工作和人事指派。會計處下設四個課，第一、二課分別負責綜合會計核算和成本核算，第三課負責會計立法、統計、審計、經濟活動分析和會計人事管理，第四課負責出納管理和對外往來。會計統一的方法首先是行政管理統一，各基層單位會計課受會計處直接領導，是會計處的派出機構，需按會計處的制度要求辦理核算，保證方法上、程序上和時間上嚴格按照部署完成，保持工作的一致性。二是制定統一的會計準則。公司按照科學的會計核算原理制定管理辦法，會計處每月召開會議，會計處處長、各課科長、基層單位會計課領導及相關人員參加，研究公司會計業務方面的問題和規章

〔註14〕盧筠：《西北育才煉鋼機器廠》，載於山西省政協文史資料研究文員會：《山西文史資料全編（第6卷）》，1999年版，第224頁。

〔註15〕劉建生、劉鵬生：《試論「西北實業公司」的經營管理特色及歷史啟示》，《經濟師》，1996年第2期。

制度等。結算均需按照規定的會計憑證附原始單據，各基層單位向倉庫領用物品、交付成品、發放工資、調用固定資產資金都計「內部往來」科目，有效避免外部交易所產生的稅費等成本。三是，統一人事管理。會計工作人員的招聘、考試、薪酬、職務、錄用、調動、考核、獎懲、任免等均由公司會計處負責辦理，再由公司總務處第二課執行，各基層單位沒有權利對會計人員進行任免，總務處第二課也不能直接對會計人員進行人事調動處理。這一舉措保證了會計人員的人事安全，提高了會計工作的獨立性，使得會計工作能夠較為客觀、公正的進行。另外公司還注重會計人員素質的提高，會計人員的錄用除部分通過聘請具備工作經驗的高水平會計人員作為骨幹外，一般會計人員均需通過筆試、面試擇優錄用，並進行實習試用。並對已有會計員工進行崗位專業培訓，以傳達公司會計處制定的核算管理制度辦法。西北實業公司的會計工作獨立性適應其集中經營的公司模式，其制定的會計程序和規章制度較為科學有效，為公司的經營發展起到了監督管理的作用，統一管理的人事制度保證了會計核算在全公司範圍內的獨立進行，為近代山西公司管理發展起到了很好的示範推動效果。

第三節　公營事業的成效評價

一、公營事業之建設成效

　　西北實業公司在短短幾年中建立了 50 多個工礦企業，門類較為齊全且為數可觀，為山西近代化發展做出了一定貢獻，是山西近代工業的標誌象徵。西北煉鋼廠佔地 1,200 餘畝，擁有職工 3,000 多人，月產生鐵 6,000 噸、鋼錠 3,600 噸、鋼材 3,600 噸，是當時僅次於鞍山鋼鐵廠和漢陽鋼鐵廠的大型鋼鐵製造機構，是山西軍事力量建設的重要保障，以質優價廉取得供應同蒲鐵路建設招標，修成後鋼軌運行十分穩當，擺脫了山西進口鋼材的狀況。西北育才機器廠為電爐煉鋼，鋼材上等，並且可生產工作機械、鍋爐、紡織機、麵粉機、起重機等，以及釘子鐵絲之類，每月還可製氧氣 2 萬公秉，即 2,000 萬公升。該廠既可生產機械，又負責修復各廠原有機械，並且兼造國防用品如炮彈殼等。西北機車廠主要負責修理機車、客車和製造工作母機，以及製造和修理大炮、山炮、甲車等武器。西北修造廠則側重於社會民用機械，如礦山機械、電氣機械、農工機械等，月產可達 100 餘噸。

西北育才煉鋼機器廠根據西北實業公司機器廠管理處《年報》統計，在 1934 年 9 月到 1935 年 8 月一年間出產工作母機 150 部、築路工具 18,621 套、紡織機械 124 部、其他機具 1,601 件，總價值約 31.5 萬餘元，上繳西北實業公司各項費用外純利潤 4.96 萬元。1936 年工廠分紅時，全場職工 1,260 餘人，平均而言廠長、科長都可分到 1,000 元以上，普通職工也可分到 100 元左右，就是工人也可分到 30～40 元。1935 年西北洋灰廠稅後利潤更是達到約 33.768 萬元。到抗戰前夕，山西機器廠已有機器 4,300 餘部，煉鋼廠可日產 500 噸鐵和 25 噸鋼，洋灰廠日產 250 噸洋灰。〔註16〕

1936 年山西 41 個煉油廠，年出產汽油、煤油、機油等多達千餘公噸，不但能夠實現自給，一改原先全部依賴進口的局面，覆蓋軍需和民用、公營和私營、鐵路和公路各種需求，還能夠變進口為出口，大量輸出臨近省份乃至鄰國。保障了山西近代工業的動力燃料來源，為近代工業節省了大量成本。

1932 年改晉記捲煙廠為晉華捲煙廠，華北捲煙廠、福民捲煙廠資產共占約 2／3 股金，另由財政廳投資占 1／3，後兼併德記捲煙廠，仍為公私合營性質。1935 年併入西北實業公司，成為公營性質。晉華捲煙廠作為國產品牌，在與英美煙公司競爭中，憑藉其不斷提高產品質量、降低產品價格，贏得了華北市場。一方面，利用公私合營性質的便利，將紙煙牌照承包管理，另一方面加緊進行煙葉、捲紙等的自產自造，最後借助社會服用土貨、抵制外貨的風潮，成功將洋煙趕出山西市場，取得山西煙草市場的壟斷地位。

二、公營事業之建設影響

西北實業公司各廠大多取得較為優異的生產效果，這與公司的經營模式是分不開的，總體而言，集中經營的方式在當時社會環境中取得了一定成效，下面就其成效略作評價。

首先，提高了勞動力水平，擴大了人力資本。吸引和聚集了大量工程技術人才和企業管理骨幹，培養了多領域、為數可觀的技術工人，促進了近代先進生產技術的發展。一方面高薪聘請專家，並引進技術人才。33 名廠級幹部中有 9 名為外省聘請而來。1935～1937 年，公司每年都要招收高等院校畢業生五六十人補充到技術部門或管理部門。另一方面培養公司員工，派遣技術骨

〔註16〕葉昌綱：《閻錫山與日本關係史研究》，太原：書海出版社 2001 年版，第 36 頁。

幹到省外學習考察，派專業人員到漢陽兵工廠藝工學校學習，甚至還曾派人到歐美考察鋼鐵製造。

其次，將資本集中管理，擴大了資本規模。吸收大量社會資本，合併多所私人廠礦，將山西工業進行了集中，使公營事業在山西經濟中的比重占到了主導地位。「當時山西有所謂的『三大經濟集團』（西北建設實業公司、同蒲鐵路管理局和山西貿易公司）操縱著山西省的經濟命脈。」〔註17〕1937年山西公營事業包括金融、製造、商業和交通各行業總資本達到9,000多萬，其中同蒲鐵路最多為37,685,740元，其次為西北實業公司和山西省銀行資本額都在2,000萬以上，除此以外，其他三大銀號和斌記商行的資本金額也都在千萬以上。

表格3-2　1937年山西公營事業資本〔註18〕

單位項目	金額(法幣元)
同蒲鐵路	37,685,740
西北實業公司	21,663,990
山西省銀行	20,000,000
晉綏鐵路銀號	10,000,000
綏西墾業銀號	2,000,000
晉北鹽業銀號	1,000,000
晉華捲煙廠	600,000
晉南麵粉廠	480,500
榆次糧店	90,000
太原糧店	90,000
太穀糧店	90,000
原平糧店	45,000
太原土貨商行	230,000
斌記商行	1,060,000

〔註17〕徐崇壽：《解放前閻錫山的重工業建設》，中國人民政治協商會議山西省太原市委員會文史資料委員會編：《太原文史資料》（第15輯），太原市政協文史資料委員會1991年版，第20頁。
〔註18〕中共山西省委調查研究室：《山西省經濟資料（第四分冊）》，1963年版，第15～16頁。

公營事業董事會購存英鎊	680,749
購存電機款	130,000
合計	95,845,979

　　再次，將山西近代工業整合為一個有組織、有系統的公司結構，形成較為完整的產業鏈條和經濟結構。在公司內部，產品除了對外銷售，就是內部互相供應調劑，除了部分原料以外，基本上連同生產機器都可自己製造，公司各廠的原料供應、成品銷售，以及倉庫管理和物品運輸，悉由公司營業處辦理和指揮，集中程度不斷加強，有利於統籌安排並按計劃生產。「西北實業公司當然也受到社會條件的限制，但它以工業聯合形式組織生產、經營，實現了生產專門化、協作化、集中化、聯合化」〔註19〕。這樣的評價是比較中肯的。

　　再其次，促進了山西近代工業的發展，提高了山西在全國的經濟地位。西北實業公司的武器製造一度處於國內前沿水平，增強了山西的軍事力量。進而將軍火生產轉向民用生產，又促進了山西工業的發展和物資的豐富，並實現了較為完備的產業鏈條，基本能夠自給自足。除原棉、羊毛、煙葉等一些山西無法生產的原材料外，一般原材料、半成品基本靠自產實現，就連木材也通過西北木材廠自植。這無疑提高了山西省發展經濟的自主程度，降低了工業對外依存度，提高了山西經濟實力。

　　西北實業公司以政府公營集中管理的方式，經過一段時期的發展，成為一個近乎涵蓋全行業的大型托拉斯，到抗戰以前，西北實業公司下屬工礦企業約 33 個，基建投資 3,000 萬元，工人 18,597 人，基本形成了較為完整的工業體系，成為山西近代工業化的頂峰時期，體現出公營事業在經濟發展中的優勢和作用。

〔註19〕盧筠、梁宸棟、喬修文：《西北實業公司的經營管理》，山西省政協文史資料研究文員會：《山西文史資料全編（第 1 卷）》（第 6 輯），1991 年版，第 247 頁。

第四章　民國山西公共設施和
公共服務

　　政府提供公共物品的原因主要有兩個，一為彌補市場失靈所產生的供給不足，二為平衡國民收入在社會成員間的分配。公共物品由於其成本和獨立要素投入較高，且其非排他性和非競爭性導致較難向受益者收取費用，致使盈利性較低，追求利潤最大化的私人經濟不願涉足。

　　公共設施一般具有典型的非競爭性和非排他性，特別是在建設初期，尚未形成擁擠成本，在使用率低於承載能力的情況下，邊際成本基本為零。因此在政府提供公共設施並排除其固定成本後，將形成巨大的消費者剩餘，從而帶來較高的社會福利。交通、水電等設施都具有這樣的特性，一旦投入建設使用之後，在達到「擁擠」程度之前，使用者的增加所導致生產成本的增加較小，即邊際成本較小可忽略不計。民國時期山西省在公共設施方面的建設有所側重，對於對經濟建設溢出效應較大的交通建設較為重視，在建設初期將重點放在山西近代公路上，形成了以太原為中心的汽車公路網，一方面獲得了高額的壟斷經營利潤，另一方面提高了運輸效率，帶動了公路沿線經濟發展。20 世紀30 年代以後將重點轉移到鐵路建設中，以一省之力修建同蒲鐵路，進一步降低了運輸成本，成為山西對外運輸的窗口。

　　公共服務通常是具有非排他性和不充分非競爭性的準公共物品，即為某人提供該服務並不影響為其他人提供該服務，但是該服務往往並不是無限的，因此就會存在一定的競爭性。教育、醫療、文化、體育等就屬於這一類公共產品。這一類產品的特點是儘管只有一部分人能享受這項服務，但未享

受這項服務的人群同樣會受到影響，產生福利的外溢，因此公共服務對提升
社會福利具有較大作用，而政府在提供這一類服務時為了避免過度消費帶來
的福利損失，一般採取向直接消費者收取較低費用來激勵消費增加的方式。
其中教育的外溢性尤其明顯，民國山西也將教育作為發展重點加以投資建
設，一方面培養技術和管理人才，另一方面提高整個社會的民眾文化素質，
為近代化變革減少阻力。

第一節　交通建設

　　交通運輸作為公共物品對經濟增長的推動作用明顯，一方面其建設過程
中可以帶來需求效應，擴大有效需求，增加國內生產總值，拉動經濟增長。
另一方面是供給效應，通行能力增加和通行效率提高能直接降低運輸費用、
節約運輸時間，從而提高經濟效益。特別是長途運輸業的發展能有效增強區
域協作能力，增加區位優勢，帶動區域經濟的發展。民國山西政府以「交通
實文明之導線」〔註1〕為宗旨，認為交通是打通山西與外界聯繫的關鍵環節，
交通便利不僅能夠促進商業發展，還能「開民智」，改變山西閉塞守舊的社會
狀況。因而大力發展交通運輸業，形成以鐵路為主、公路為輔的陸路交通網
絡。

一、近代公路網形成

　　民國以前山西道路以驛道為主，路面狹窄且凹凸不平。民國成立後，孫
中山提倡在全國修建公路，並在 1912 年 9 月到太原考察時，在海子邊萬人
歡迎會上專門強調發展現代公路的重要性。1919 年山西省公署制定了《修
築全省道路分段分期辦法》，上報北洋政府並得到批准，繼而頒布《山西省
全省修路計劃大綱》開始正式實行公路建設計劃。1920 年以太原為中心太
原南到平遙、北達祁縣的公路幹線開始修建，至此山西近代公路建設開始起
步。1930 年之前山西省內公路建設以治理和改建原有幹道為汽車公路為主，
1932 年同蒲鐵路開始修建以後，公路成為鏈接鐵路的交通線路，形成四條
鐵路培養線，以配合鐵路集散物資。

　　1920 年山西經歷大旱，山西為解決災民問題，修建公路以工代賑，既解

〔註1〕 閻伯川先生紀念會：《民國閻伯川先生錫山年譜長編初稿》（第一卷），北京：
　　　　商務印書館 1964 年版，第 410 頁。

決了剩餘勞動力的就業問題，又降低了修建公路的勞動力成本。外界對這一辦法評價甚高，認為「就中以民九旱災之餘，興修南北直通之汽車幹路，尤為開通風氣，便利交通之偉大業績，於是山西之工業，不獨有復活之希望，且有日漸繁榮之觀也。」〔註2〕兩年之內就聯通了東西南北四大幹線，以太原為中心的公路網絡得以建立。南至風陵渡，北達大同，東到晉城，西抵軍渡，全長 2,060 公里，建築費用共約 4 百多萬元，平均每公里費用約 2,000 元左右。其中以晉南汽路里程最長，耗費最多。另外還有 20 餘條公路支線，大多為地方籌資修建，如侯河支路、忻臺支路等。

表格 4-1　山西主要公路概況表（1936 年）〔註3〕

路　名	起　點	終　點	里程（公里）	建設費用（元）	每公里建設費用（元）
晉南汽路	太原	風陵渡	674	1,340,000	1,980
晉北汽路	太原	大同	369	738,000	2,000
晉西汽路	太原	軍渡	288	570,000	1,970
白晉汽路	祁縣白圭鎮	晉城	348	700,000	2,010
侯河支路	侯馬	河津	104	200,000	1,920
忻臺支路	祁縣	五臺	52	130,000	2,500
平遼汽路	平定	遼縣	121	250,000	2,060
代廣支路代營段	代縣	繁峙縣大營鎮	58	不詳	──
平公支路	平遙	汾陽	46	不詳	──

公路汽車所運貨物多為沿途特產，晉南以棉花、煙草、食鹽、麵粉、火油、小麥等為主，晉北以煙草、雜貨、食鹽等為主，晉西則以皮毛、木料及雜貨為主，另外其他道路以小米、鐵製品、紙煙等各種，可見公路運輸對農產品的銷售和農業發展所起到的作用。如五臺縣東南窯頭村的道路，窯頭村因生產煤炭吸引周邊忻州、定襄、崞縣的人牽牲口來此馱炭，但由於窯頭村山路盤旋崎嶇，人畜不能並行，有《馱炭道》一詩描寫了當時道路的困難狀況：

〔註2〕《晉陽日報三十週年紀念特輯‧三十年來之山西》，晉陽日報社 1936 年版，第 69 頁。
〔註3〕全國經濟委員會經濟專刊第五種：《山西考察報告書》，1936 年版，第 279 頁。

《馱炭道》　　清·徐繼佘

隔巷相呼犬驚擾，夜半驅驢馱炭道。

驢行黑暗鐸丁冬，比到窯頭天未曉。

馱炭道，十八盤，羊腸蟠繞出雲端。

寒風塞口不得語，啟明十丈光團團。

窯盤已見人如蟻，燒得乾糧飲滾水。

兩囊盛滿捆驢鞍，背負一囊高累累。

馱炭道，何難行，歸時不似來時輕。

人步傴僂驢步碎，石頭路滑時欲傾。

日將亭午望街頭，汗和塵土面交流。

忽聞炭價今朝減，不覺心內懷煩憂。

價減一時猶自可，大雪封山愁殺我。

1913 年閻錫山牽頭出資組織附近村民群眾重修窯頭道，為當時忻州、定縣、崞縣去窯頭村馱炭的鄉民創造了便利，也便於窯頭村礦的煤炭運出。1935 年，又修建了與北同蒲鐵路相連的「忻窯支線」，連接忻州與同蒲線，跨越北義井、定襄、蔣村、河邊至甲子灣。又為將窯頭煤炭運往甲子灣火車站，修建了高空運輸索道，從窯頭的白家莊起，跨過浮沱河、水泉灣到甲子灣，全場 10 公里。至此窯頭礦的煤炭可經甲子灣車站大量運往太原。

承擔公路運輸管理的汽路管理局僅負責修路和受捐，並不直接經營運輸。而是將運輸業務均交由商辦，由太濟、太同、太晉、太安、太風、太軍、交通七家汽車公司分段承辦運輸業務，汽車公司每年交納路捐獲得專利行駛權，可行駛路捐限額內的來往次數，並可向通過路段的私人車輛收取費用。公路作為準公共產品，在當時汽車並不多的情況下難以產生擁擠成本，因而具有非競爭性。對道路使用收費，可以產生經營性自然壟斷，獲得高額收益，使其具有一定的排他性。據估算，山西省公路運輸每輛 1.5 噸汽車每公里的運輸成本約 0.15 元，客運收入約每輛 15 座車（約 1.5 噸）每公里收入 0.525 元，收入達成本的三倍多，可見公路運輸壟斷經營所獲得的高額利潤。作為公共產品，山西公路由政府授權個別公司壟斷收費，從運費價格來看，並非僅為收回成本，而是產生壟斷利潤，這就勢必會造成價格過高，供給和需求減少，引發效率損失。另一方面高額利潤也可能會催生「尋租」行為，增加尋租成本，導致公共產品的提供和使用不經濟。當時考察者提出「此制行之

得宜，固亦無可厚非，然非有遠見之商人，以公眾之福利為前提，從事經營，勿眩於近利，勿囿於私見，並能設法改進，力圖發展，則弊殊易生而利殊難見也。」〔註4〕省汽車管理局每年按各公司車輛行駛承包次數收取路捐，每年可收約 28 萬元〔註5〕，以此進度若要收回成本則十分困難（見表格 4-1），僅晉南公路的建設費用就達 134 萬，而其他公路也多有耗費，全部公路成本更難收回。山西省政府將公路之利讓與商者，而不圖收回建設成本，這一動機令人費解，不得不懷疑其中存在利益輸送關係。如若是此，則公路的公共物品使用效率和社會福利都將低於最優水平，造成資源的浪費使用的不平等。

二、近代鐵路建設

　　鐵路是近代交通區別於傳統交通的直接體現，鐵路的出現從根本上改變了車馬人力的陸路交通狀況，提高了運輸效率，是交通運輸業的一次飛躍。民國山西鐵路有東西向自石家莊到太原的正太鐵路，以及南北向自大同到風陵渡的同蒲鐵路，二者一橫一縱，成為山西運輸主幹線，另外平綏鐵路也有路段經過山西。據 1932 年鐵道部調查，山西境內鐵路延長干線 321.747 公里，支線 20.571 公里，實業支線 7.522 公里，共計 349.84 公里。〔註6〕

　　正太鐵路全長 242.95 公里，其中有 169 公里位於山西境內，其餘在河北境內，西起太原，東到石家莊接平漢鐵路，是山西物產輸出入的通道。正太鐵路為 1902 年向法國借款修築，故管理權原在法國人手中，到 1932 年還清借款、利息和承諾利潤後路權得以恢復。該路線有客用機車 6 輛、車廂 64 節，一、二、三等車廂載客容積共有 2,034 人次。貨用機車 50 輛，車廂 779 節，貨運容積總數為 18,545 噸，其中 14,700 噸為運煤所用高邊車。每年客運進款在 100 萬元左右，最高年份達到 180 多萬元；每年貨運進款則在 400 萬左右，是客運進款的數倍之多，由此可見此鐵路貨運功能遠大於客運功能（見表格 4-2）。貨運中又以煤運為主，大部分年份煤運進款都占到貨運進款的 40%以上，煤炭享受運輸價格優惠，甚至低於貨運最低等價格。正太鐵路年終盈餘多在 300 萬元以上，政府長期持有資本 633.2 萬元，加上抵押債款，

〔註4〕全國經濟委員會經濟專刊第五種：《山西考察報告書》，1936 年版，第 282 頁。
〔註5〕全國經濟委員會經濟專刊第五種：《山西考察報告書》，1936 年版，第 280 頁。
〔註6〕周宋康編：《分省地志·山西》，上海：中華書局 1939 年版，第 127 頁。

資本總額在千萬元以上，抵押債款分期還清，因而資本總額不斷減少，到
1932 年全部還清之後，1933 年僅剩政府所持資本。儘管年營業進款淨額和
盈餘變動不大，但由於資本總額的減少，資本報酬率呈上升趨勢。資本報酬
率逐年遞增，到 1923 年已達 32.8%。運費昂貴是正太鐵路盈利能力強的原
因之一，「按正太路運價之高，實為全國各路之冠，蓋其基本運價即高，復
不採用越遠越減制度，以致與他路較，遠程運價尤覺高昂也」〔註7〕。正太
鐵路運價每噸每公里從 0.1 元到 0.275 元分六個等級（見表格 4-3），另外對
煤炭運輸採取價格優惠，大塊硬煤和碎末煤分別為 0.02 和 0.018 元每噸每公
里。與國內其他主要線路對比可見，正太鐵路票價略高於平漢、膠濟鐵路，
遠高於國內其他線路（見表格 4-4），盈利能力雖遜於通往京津滬三地的鐵
路，但遠高於其他地方線路（見表格 4-5）。

表格 4-2　正太鐵路盈利狀況估算表（千元）〔註8〕

年份	客運進款	貨運進款	煤運進款	其他進款	進款總計	用款總計	營業進款淨額	收支淨數*	盈餘	資本總額	資本報酬率，
1925	862	3,815	1,674	91	4,768	2,297	2,471	549	3,020	14,976	16.50
1926	993	4,014	1,667	104	5,111	2,149	2,962	624	3,586	14,070	21.05
1927	907	2,844	792	109	3,860	2,182	1,678	679	2,357	13,121	12.79
1928	1,194	3,659	1,226	95	4,948	2,097	2,851	710	3,561	12,123	23.52
1929	1,464	3,623	1,454	117	5,204	2,718	2,486	771	3,257	11,075	22.45
1930	1,898	3,877	1,808	105	5,880	3,415	2,465	785	3,250	9,972	24.72
1931	1,355	3,978	2,016	191	5,524	3,263	2,261	103	2,364	8,816	25.65
1932	1,304	3,993	2,130	116	5,413	3,360	2,053	-1,191	862	7,605	27.00
1933	1,232	4,130	2,025	109	5,471	3,393	2,078	-62	2,016	6,332	32.82
1934	953	4,624	2,445	167	5,744	-	-	-	-	-	-
1935 上半年	481	2,867	1,316	49	3,397	-	-	-	-	-	-

*注：1932 年還清修築時的法國借款，付過期帳支出。

〔註7〕全國經濟委員會經濟專刊第五種：《山西考察報告書》，1936 年版，第 263 頁。
〔註8〕數據來源自全國經濟委員會經濟專刊第五種：《山西考察報告書》，1936 年版。

表格 4-3　正太鐵路整車運價表（元）〔註9〕

等　級	頭等	二	三	四	五	六	大塊硬煤	碎末煤
每噸每公里運價	0.1	0.7	0.055	0.045	0.0325	0.0275	0.02	0.018

表格 4-4　正太、同蒲六等整車運價與其他主要鐵路比較表（元）〔註10〕

里程	正太	同蒲	平漢	平綏	膠濟	浙贛	津浦	北寧	隴海	京滬	滬杭甬
50	1.38	1.35	1.34	1.1	1.35	1.0	0.86	0.76	0.86	0.48	0.46
100	2.75	2.57	2.56	2.2	2.53	1.9	1.71	1.51	1.30	0.74	0.74
200	5.50	4.73	4.51	4.2	3.72	3.6	3.26	2.95	2.4	1.14	1.07

表格 4-5　中國國有鐵路營業收支（民國八年）〔註11〕

鐵　路	營業收入(元)	營業支出(元)	本年餘虧(元)
京漢鐵路	26,221,475	9,077,421	17,144,055
京奉鐵路	19,386,060	7,519,886	11,866,144
津浦鐵路	14,161,982	6,819,050	7,942,932
京綏鐵路	4,836,749	3,183,590	1,653,159
滬寧鐵路	5,575,848	3,343,901	2,231,947
正太鐵路	3,377,622	1,441,635	1,935,987
滬杭甬鐵路	2,598,050	2,333,742	264,308
道清鐵路	987,347	525,362	461,985
汴洛鐵路	1,444,850	632,680	815,166
吉長鐵路	1,895,651	1,307,278	588,376
株萍鐵路	697,994	667,803	30,191
廣九鐵路	984,019	1,053,928	-69,909
漳廈鐵路	27,093	60,747	-33,654
湘鄂鐵路	153,281	141,069	12,212

〔註9〕　數據來源自全國經濟委員會經濟專刊第五種：《山西考察報告書》，1936 年版，第 238 頁。

〔註10〕　數據來源自全國經濟委員會經濟專刊第五種：《山西考察報告書》，1936 年版，第 240 頁。

〔註11〕　陳啟修：《財政學總論》，上海：商務印書館 1924 年版，第三編第 25 頁。

| 四鄭鐵路 | 260,762 | 169,242 | 91,520 |
| 總計 | 82,611,973 | 38,277,338 | 44,334,635 |

說明：《財政學總論》中數據直接引用，未對其中做修改。

　　同蒲鐵路是 1932 年山西省政府獨立籌資修建，1935 年已經修成原平到永濟（即蒲州）600 多公里路線，並通車營業。此鐵路「北可接平綏，南可接隴海，中經太原，則可與正太相連，與該省對外之交通即商貨之輸出輸入，關係尤巨。就全國之立場言，則同蒲一路與津浦、平漢同為溝通南北之要道，與之鼎足而三，皆華北交通之命脈。」〔註 12〕可見同蒲鐵路不僅對山西省經濟發展意義重大，對全國鐵路網的形成和完善也有重要的補充構建作用。

　　為了盡快收回成本，山西省政府採取階段通車的方法，修成一段則通車一段，通車營業收入再投入建設，減少資本債務利息。另外，為了節省建築費用，以較低工資用工兵和民夫共同修築，在鋪設鐵軌時選用成本較低的窄軌、輕軌鐵路，原材料儘量由本省供給，並竭力降低工程難度。經測量預算，如果修 85 磅的標準軌路（寬軌），全線需要 9,000 多萬元，而修 30 磅的窄軌則僅需 1,620 多萬元，可節約 7,000 多萬元成本。〔註 13〕火車裝配由西北器械廠在進口底盤上裝配車身，以節約成本。因此僅在 1935 年由斌記商行和禮和洋行向德國分別購買機車共 45 臺、客車底盤 60 輛及貨車底盤 475 輛，運回省內自行裝配。同蒲鐵路由於建設費用較小，運務燃料費用低廉，加之修建和運行工價和薪酬較低，因而建設和營業成本較低。全路建設經費包括機車、車輛和路段建設，南段計劃設備每公里 16,000 元左右，北段約 24,000 元，實際建設中南段僅路段建設費用就有每公里 18,000 元，超出預算許多，但「惟較諸其他輕軌鐵路，建築費尤覺甚廉」〔註 14〕。比較當時國內各標準鐵軌，其每公里之建設費平均約 8 萬餘元，而同蒲路的費用每公里約合 2 萬餘元，僅是其四分之一，「可見同蒲路建築費之低廉，實為國內省鐵路開一新紀錄也。」〔註 15〕1935 年同蒲已建成線路能夠達到 6,225 噸運輸容積，據山西經濟統制處調查，該路段全年貨運約 5 千萬噸。鐵路貨運價格分為六等，依

〔註 12〕全國經濟委員會：《山西考察報告書》，1936 年版，第 184 頁。
〔註 13〕《晉陽日報三十週年紀念特輯‧三十年來之山西》，晉陽日報社 1936 年版，第 115 頁。
〔註 14〕全國經濟委員會：《山西考察報告書》，1936 年版，第 189 頁。
〔註 15〕《晉陽日報三十週年紀念特輯‧三十年來之山西》，晉陽日報社 1936 年版，第 118 頁。

照越遠越減階梯計價的原則，價格如「表格 4-6」中所示，頭等貨運價格是六等貨運價格的 5 倍。另外，該路對外貨和奢侈品加收運費 50%，以配合其統制經濟對市場的控制。客運價格分頭等、二等、三等，分別為每人每公里 0.051、0.034、0.017 的基價收費。不論貨運、客運，同蒲鐵路在全國鐵路中價格中都屬較高，僅次於正太鐵路。1935 年同年同蒲鐵路通行線路全年客運收入 38 萬餘元，貨運收入將近 87 萬元；1936 年僅 1～5 月客運收入就達 34.6 萬餘元、貨運收入 99 萬餘元。

表格 4-6　同蒲鐵路整車基本運價表（元）〔註 16〕

等　　級	頭　　等	二	三	四	五	六
1～50	0.135	0.08910	0.07020	0.05400	0.03240	0.02700
51～100	0.12150	0.08019	0.06318	0.04860	0.02916	0.02430
101～300	0.10800	0.07128	0.05616	0.04320	0.02592	0.02160
301～600	0.09450	0.06237	0.04914	0.03780	0.02268	0.01890
601～1000	0.08100	0.05346	0.04214	0.03240	0.01944	0.01620

表格 4-7　同蒲鐵路分段通車時間〔註 17〕

路　　段	起　點	終　點	通車時間
太介段	太原	介休	1934 年 7 月全線通車
介臨段	介休	臨汾	1935 年 5 月全線通車
太平段	太原	原平	1935 年 8 月臨汾至侯馬通車，10 月至永濟通車，12 月至風陵渡通車
臨風段	臨汾	風陵渡	1936 年通車
原朔段	原平	朔縣	1936 年通車
朔同段	朔縣	大同	1937 年通車
西山支線	太原	白家莊	1934 年通車
忻窯支線	忻縣	窯頭	1935 年通車
平汾支線	平遙	汾陽	1937 年通車
白晉支線	祁縣	子洪	1937 年鋪好未通車

〔註 16〕全國經濟委員會：《山西考察報告書》，1936 年版，第 197 頁。
〔註 17〕全國經濟委員會：《山西考察報告書》，1936 年版，第 197 頁。

圖 4-1　西北實業公司所屬各廠分布圖〔註 18〕

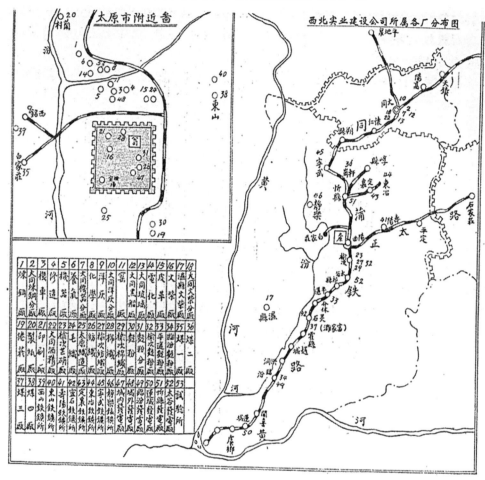

　　同蒲鐵路是山西省自籌資金所建，即未有外國借款，也沒有中央資助，是山西省政府一項重要工程建設。1933 到 1937 年 4 年山西省內建成 1,050 公里，年平均建設 237.7 公里，而當時國內浙贛線 6 年建成 905 公里，江南鐵路用了近 2 年建成 178 公里，可見同蒲鐵路建設速度之快。1927 年以前國內鐵路每公里平均費用 88,480.3 元，20 年代修建的鐵路玉山至南昌平均每公里 7 萬多元，南京至孫家埠平均每公里將近 4 萬元，同蒲線修築每公里平均費用僅為 18,88.2 元，所用成本十分精簡，被南京中央政府鐵道部稱讚為：「同蒲鐵路其費用之省，速度之快，創造了世界鐵路開發史之記錄。」〔註 19〕

〔註 18〕賈立進：《民國太原》，太原：山西人民出版社 2011 年版，第 157 頁。
〔註 19〕景占魁著：《閻錫山與同蒲鐵路》，太原：山西人民出版社 2003 年版，第 114 頁。

要在當時經濟技術水平條件下實現又快又省的建設目標著實不易，這得益於山西省政府所採取的經濟措施和手段。一方面，統制經濟政策的施行是鐵路建設的制度保障，在山西省人民公營事業董事會下成立同蒲鐵路管理局和太原鐵路管理局，並頒布《山西省人民公營事業董事會派駐同蒲鐵路管理局總稽核室辦事細則》，動用行政手段壓低徵用農民土地的價格，並徵用農民和晉綏兵工作為主要勞動力，動員地方籌措經費並發行「築路債券」，給予各項政策支持。另一方面公營經濟的發展是鐵路建設的經濟保障。同蒲鐵路所用原材料除一些機械設備省內不能自產外，多數都由西北實業公司提供，修路所用炸藥為兵工廠所產，水泥為西北洋灰廠所產，鋼材為育才鋼鐵廠所產，所用錘、鍬、耙、雷管等也多為西北機器廠、農工器具廠等生產，所用枕木為省內林區提供。省內生產能力的提高，為同蒲鐵路的修建提供了原材料，並為同蒲鐵路節約了建設成本。

同蒲鐵路的修建貫通了山西南北交通運輸，與正太鐵路相垂直，將山西物產沿此幹線輸出省外，提高了運輸效率，加強了山西與外界的聯繫，為山西經濟打開了廣闊的市場，對山西經濟產生了深遠的影響。1935 年到 1936 年山西對外貿易出口量大幅增加，一定程度得益於同蒲鐵路的建成。

近代交通的發展得益於近代工業的原材料供應，反過來又促進了近代工業的擴張，由「圖 4-1　西北實業公司所屬各廠分布圖」中可見，西北實業公司各廠基本都在鐵路沿線分布。太原作為山西省交通中心，是西北實業公司所在地，集中了約 27 家工廠，成為全省貨物集散地和生產基地，是全省的物流中心。「自火車通軌，太原歲益繁榮，開此前之所未有」[註20]，可見鐵路運輸增強了太原的區位優勢，促進了太原市場經濟繁榮。大同因煤炭資源豐富，也集中了不少廠礦，鐵路的建成運行，降低了煤炭運輸成本，使得山西煤炭價格下降，煤炭競爭力增強，拓寬了煤炭銷路。除太原和大同外，南同蒲沿線也是西北實業公司下設廠礦集中區域。便利的交通形成鐵路沿線地區區位優勢，產地和市場都向鐵路沿線集中，並由鐵路沿線向周圍輻射，打破了傳統社會六邊形的集市貿易輻射區域。鐵路不僅推動了近代工業和商業的發展，還帶動了沿線農作物等特產的銷售，劉大鵬就曾在日記中記載火車將山西的米粟運往直隸，使糧價大漲。[註21]交通的發展減少了農產品與消費

〔註20〕山西民社編：《太原指南》，北京：北平民社1935年版，序一。
〔註21〕劉大鵬：《退想齋日記》，太原：山西人民出版社1990年版，第284頁。

市場的經濟距離，增強了山西農業區位優勢，推動了農業及其副產品的商業化，為傳統農業找到了新的出路。

山西以一省之力修建鐵路，雖取得較大成就，但也暴露了一些規劃問題，山西近代公路和鐵路存在嚴重的重疊，二者本應相互補充形成交通網絡，但實際上卻成為相互替代品，特別是鐵路運輸成本較公路低廉，對公路運輸形成擠出之勢。同蒲修建前，晉南汽車路年運輸量可達 5000 多噸，同蒲通車後僅餘 1000 多噸，公路大受損失，營業不振，公路利用率降低。「山西省興修同蒲鐵路，已將晉南晉北之公路營業多半摧毀，形同殘廢。」〔註 22〕蓋在修建鐵路時，考慮鐵路與公路可互相替代，且鐵路效率更高。因此為降低成本，不惜借用原本公路路基修建鐵路，使得鐵路與公路線路重複，造成公路使用率下降。在同蒲鐵路之後，山西省政府才在鐵路基礎上修建與之相交的公路作為鐵路的輔助運輸，對山西交通進行重新規劃，造成二次規劃的資源浪費，並降低了交通發展效率。

第二節　教育近代化

舒爾茨認為孩子作為一種人力資本，家長對其教育投資將在未來給家庭帶來收益。〔註 23〕同樣，政府對教育的投資也將在受教育者成長為勞動力之後，為社會發展帶來收益。而除此之外，教育給家庭和社會帶來的溢出效應也會使社會福利增加，這種社會效應在民國時期逐漸受到重視，政府開始將教育作為一種公共產品提供，以使教育所帶來的社會福利最大化。

明清時期，由於晉商興盛，晉民多崇商，「在昔民智不開，習於營商，而篤於守舊」〔註24〕，作為家庭而言，將孩子送到商號裏做學童學商，不僅能減輕家中負擔，還能添補家用，是家庭效用最大化的選擇。若孩子天資聰明、勤奮好學，能在商號中做個小掌櫃或小領班，甚至能拿到分成乾股，則全家都可衣食無憂。相比而言，對學習文化知識這種成本較高、收益不顯著的次優行為則多不予選擇。民國之後山西省十分重視教育事業，政府直接掌管督辦，特別將基礎教育作為公共物品來提供，用財政支出興辦義務教育，並對民眾教育進

〔註22〕全國經濟委員會：《山西考察報告書》，1936 年版，第 286 頁。

〔註23〕Schultz T W. *The Value of Children: An Economic Perspective*. Journal of Political Economy 81（2 Pt. 2）：S2～S13. 1973, 81（2）.

〔註24〕周宋康：《分省地志‧山西》，上海：中華書局 1939 年版，第 80 頁。

行了諸多創新和改良，一改明清晉商以來重商輕文的舊習，成為民國時期的「教育模範省」〔註25〕。

　　Claudia Goldin 將美國教育近代化特點概括為公共支出、開放和包容、沒有性別歧視的「平等主義」。〔註26〕山西的教育近代化過程中也同樣以教育公共化為典型，以教育實用化、大眾化、財政化為趨勢，逐漸實現較為平等的教育普及。

一、教育以實用為目的

　　不同於傳統教育將入仕做官作為接受教育的主要目的，近代開始注重教育內容的實用性，一改八股之風，教育實用化趨勢明顯。1920 年教育部統計全省共有體育場 220 座，閱報處 193 個，音樂會 135 場。1933 年成立的山西省立民眾教育館以「廣設民眾學校，分期肅清文盲」〔註27〕為己任，不僅負責民眾學校的建設，還設置了民眾圖書館、體育場、電影院、遊戲園等。可見當時不僅注重文化教育，還注重德智體美四育並重的教育宗旨。

　　民國山西教育更加注重教育對個人工作的幫助，在初級教育中就對學生進行因材施教，「中學校學生入學之初，詢以是否升學，如尚須升學則令遵照部章授課，否則即令減少西文鐘點，而授農工商實習之課。而所授農工商課教員則在各縣工匠中遴選得之」〔註28〕，可見儘管當時教育已開始教授自然、科學等知識，但並不過分追求知識的學習，而是以個人從業為目標，將工農業技能放在與學問知識同等重要的地位。

　　另外，專門開辦實業學校，進行實業教育，辦有甲種、乙種實業學校若干。「晉屬各縣，因地制宜舉辦乙種實業學校，為期最早。其中農工商三類之校共有七十所。」〔註29〕從實業學校畢業者可從優招入專門學校繼續攻讀本科，當時山西的專門學校有法政專門學校、農業專門學校、商業專門學校、

〔註25〕馮沅君：《晉省學校漫記》，轉載於蘇華，何遠編：《民國山西讀本　考察記》，太原：三晉出版社 2013 年版，第 68～91 頁。

〔註26〕Goldin C, Katz L F. *The Legacy of U.S. Educational Leadership: Notes on Distribution and Economic Growth in the 20th Century*. American Economic Review, 2001, 91（2）:18~23.

〔註27〕山西省立民眾教育館編：《山西省立民眾教育館三週年刊》，山西省立民眾教育館 1936 年刊，第 315 頁。

〔註28〕陳希周：《山西調查記》（卷上），南京：共和書局 1923 年版，第 4 頁。

〔註29〕陳希周：《山西調查記》（卷上），南京：共和書局 1923 年版，第 180 頁。

工業專門學校以及醫學傳習所。並且還選派人員留學日本學習工藝技術，以培養專門技術人才。這些實業學校和專門學校的設立為基礎經濟發展培養了大批技術人才，他們日後在農業技術的提高、品種的引進、工業技術和管理的發展、以及商業模式的進步方面都做出了較大貢獻，一定程度上能提高了整個社會的生產效率。

二、大眾教育與精英教育並行

「人才教育，屋之在地上者也；國民教育，屋之在地下者也。」〔註30〕國民教育即大眾教育，是國家的根基，決定了社會的穩定；而人才教育則是社會經濟增長的主要推動力。二者並行才能真正發揮教育對社會進步的作用。

與傳統的精英教育不同，民國山西十分注重民眾教育，認為「今日為列國並立之世界，此人才與彼人群遇，較量優劣，要在多數人民之知識，不在少數優秀之人才」〔註31〕，要避免「此少數人所運用之政治，必以少數人之利益為利益」，就要普及大眾教育，進行教育大眾化改革。「山西社會教育提倡最早，各縣均能年輸的款用，供設立民眾學校及各項社會機關之需」〔註32〕，各縣民眾學校數量之多，雖然到抗戰前有所裁撤，但僅如大同就仍有 430 所民眾學校。

政府對教育的投資一般僅保證義務教育的免費提供，因為基礎文化的義務教育對整個社會的意義更大，而教育程度越高，其受益越集中在直接接受教育的公民身上。山西大眾教育最典型也是最有效的即為義務教育的推行。義務教育自 1917 年開始逐漸擴散推行，與當兵、納稅並稱為國民之三大義務。根據《全省施行義務教育規程》〔註33〕中第 3 條、第 4 條規定：「凡兒童自滿六周歲之翌日起，至滿 13 歲止，共七年為學齡期。」「凡學齡兒童均應受國民學校之教育，其不入學者得依本規定強迫之」；第 21 條中又有規定「失學兒童無故不入學者經勸學所務委員會暨各街村長副查明呈請縣知事核准，處其家長以一元至五元之罰金，此項罰金自學齡兒童十歲起，每歲遞

〔註30〕《閻伯川先生言論輯要（第三冊）》，太原綏靖公署主任辦公處 1937 年版，第 49 頁。
〔註31〕《閻伯川先生言論輯要（第三冊）》，太原綏靖公署主任辦公處 1937 年版，第 49 頁。
〔註32〕周宋康：《分省地志·山西》，上海：中華書局 1939 年版，第 83 頁。
〔註33〕陳希周：《山西調查記》（卷上），南京：共和書局 1923 年版，第 161 頁。

加一元。」對於不接受義務教育的家庭進行處罰，可見當時推行義務教育的決心，故又名強迫教育。

義務教育推動了小學數量和學生人數的迅速增長，到 1923 年學校數量已從 14,189 所增至 25,821 所，學生人數從 467,069 人增至 1,089,141 人。上表中狄村、西流村、享堂村的例子中也可看出（見表格 4-8），三村兒童入鄉村小學校的學生均已超過 50%，且最高已達 75%。這一統計並未將私塾學生計算在內，因此實際入學比例應高於這一統計。根據 1924 年統計全省受義務教育兒童占學齡兒童總數達到 72.2%，而同期受教育率較高的北京、山東等地也未超過 30%。〔註 34〕陶行知將山西作為「中國義務教育的策源地」〔註 35〕，認為「可見真正實行義務教育的，算來只有山西一省」〔註 36〕，是有一定根據的。

表格 4-8　狄村、西流村、享堂村學校教員學生及經費數目〔註 37〕

	狄　村	西流村	享堂村
兒童人數	120	80	50
教員人數	2	1	1
學生人數	90	43	30
教員薪金（元）	370	165	150
經費總額（元）	650	350	250

山西不僅是義務教育策源地，還是鄉村教育模範省。山西村治的初衷是要將迂腐無知的「鄉民」變為有國家社會意識的「國民」，因而除了推行「六政三事」外，還通過提倡注音字母幫助漢字推行，發放通俗白話教育材料，《人民須知》《家庭須知》等手冊基本每村每戶都有。在《手諭人民十四條》《告諭人民八條》《立身要言六則》等中不僅教育人民愛國愛民愛家等，還包括新種絨毛羊的推廣養殖、鼓勵發明創造等生產技術方面內容。並且將這些教育材料編纂成通俗演講稿，於各縣辦露天學校召集人民聽講，以達到普遍

〔註 34〕民國教育部：《第一次中國教育年鑒（丙編）》，上海：開明書店 1934 年版，第 502～503 頁。
〔註 35〕陶行知：《陶行知全集（第 2 卷）》，成都：四川教育出版社 2005 年版，第 199 頁。
〔註 36〕陶行知：《陶行知全集（第 2 卷）》，成都：四川教育出版社 2005 年版，第 226 頁。
〔註 37〕劉容亭：《山西陽曲縣三個鄉村農田及教育概況調查之研究》，載於李文海主編《民國時期社會調查叢編（二編·鄉村社會卷）》，福州：福建教育出版社 2014 年版，第 208～218 頁。

宣傳的目的。同時還辦有傳習所一類的技術教育所，如女子蠶桑傳習所，授以國學、算學等通習課程和桑樹栽培學、製絲學、養蠶學、蠶業經濟學等特習課，並且安排培桑實習、養蠶實習、製絲實習、製種實習等實習課。

在大力普及民眾教育的同時，省政府對精英教育也十分重視。山西省政府先後開辦山西大學、并州學院、法政專門學校、農業專門學校、商業專門學校、工業專門學校等高等院校，並負責其辦學支出。另設有山西育才館，專門為培養高等學校畢業人才，為「適應現實行政自治及社會事業之用為宗旨」〔註38〕，教授經濟學、教育學和法律法規等課程。並且由省政府對各高等院校、師範院校提供高額財政費用支持，從表格 4-9 中可以看出 1921 年山西省教育費中，法、農、工、商、以及師範、山西大學校、育才館的費用都在數萬元。

基於家庭對教育的投入有邊際效益遞減的趨勢，人們更傾向於為孩子的初等教育投資，而對中、高等教育的投資存在內生性不足。省政府為了鼓勵精英人才繼續學習，因而對中學生、大學生、留學生等都進行了一定程度的生活補助津貼。如育才館「館員每人每月津貼十元至二十元，其操帽、操衣、課程及燈油、薪炭等均由館備給」〔註39〕。從表格 4-9 可以看出，山西省教育費支出中，除了各公立學校辦學經費外，還有各種補助費，如農業學校補助費、各縣中學補助費等，以及學生津貼如留保軍官學生津貼、留京軍醫學生津貼、留京大學分科學生津貼、留京清華學生津貼、留旅順工科學生津貼等省外求學的高校學子津貼，其中「留學生各費」高達近 7 萬元之多。另外，對於在國外留學的學生還可以通過考試選拔，為其提供無息貸款，《貸金遊學規程》〔註40〕中規定由省地方發放給遊學歐美學生每人每年 1300 元，遊日本學生每人每年 300 元，待遊學歸來逐年償還本金即可。

表格 4-9　1921 年山西省地方歲出決算之教育費〔註41〕

費用類型	經常支出(元)	臨時支出(元)	經臨合計(元)
法政專門學校	30,832	1,000	31,832
農業專門學校	52,226	1,000	53,226

〔註38〕陳希周：《山西調查記》（卷下），南京：共和書局 1923 年版，第 28 頁。
〔註39〕陳希周：《山西調查記》（卷下），南京：共和書局 1923 年版，第 29 頁。
〔註40〕陳希周：《山西調查記》（卷上），南京：共和書局 1923 年版，第 47 頁。
〔註41〕山西省長公署統計處：《山西省第三次財政統計》，1926 年版，第五編第 13
～16 頁。

商業專門學校	24,545	1,000	25,545
工業專門學校	57,603	5,000	62,603
第一師範學校	61,202	3,871	65,073
第一師範學校童子軍	768	662	1,430
第二師範學校	32,456	1,000	33,456
第二師範學校童子軍	576	378	954
第三師範學校	25,169	1,000	26,169
第三師範學校童子軍	576	378	954
第四師範學校	24,978	1,000	25,978
第四師範學校童子軍	576	378	954
第五師範學校	15,572	500	16,072
第五師範學校童子軍	576	378	954
第六師範學校	15,572	500	16,072
第六師範學校童子軍	576	378	954
第一女師範學校	21,895	300	22,195
第二女師範學校	12,261	300	12,561
第三女師範學校	6,681	300	6,981
第四女師範學校	7,507	210	7,717
第一中學校	27,326	1,500	28,826
第二中學校	17,133	1,000	18,133
第三中學校	15,319	1,000	16,319
第四中學校	17,038	1,000	18,038
第五中學校	10,450	500	10,950
第六中學校	13,504	500	14,004
第七中學校	4,610	-	4,610
第八中學校	4,110	500	4,610
第九中學校	4,110	500	4,610
模範小學校	8,422	100	8,522
模範小學校童子軍	1,040	662	1,702
模範單級國民小學校	736	-	736
國民師範學校	151,602	5,512	157,114
醫學傳習所	11,955	-	11,955
第一貧民小學校	3,789	50	3,839

第二貧民小學校	2,698	50	2,748
第三貧民小學校	2,698	50	2,748
第四貧民小學校	2,698	50	2,748
第五貧民小學校	2,698	-	2,698
第六貧民小學校	2,698	50	2,748
第七貧民小學校	2,698	50	2,748
圖書館	4,224	2,400	6,624
留學生各費	68,966	-	68,966
大學校補助費	19,346	-	19,346
第二甲種農業學校補助費	3,186	-	3,186
第三甲種農業學校補助費	1,804	500	2,304
第四甲種農業學校補助費	2,495	-	2,495
陽興中學中學校補助費	4,088	-	4,088
河汾中學校補助費	4,088	-	4,088
濩澤中學校補助費	2,866	-	2,866
平定中學校補助費	2,866	-	2,866
渾源中學校補助費	2,866	-	2,866
蒲阪中學校補助費	2,466	-	2,466
祁縣中學校補助費	2,255	-	2,255
忻縣中學校補助費	955	-	955
代縣中學校補助費	955	-	955
崞縣中學校補助費	955	-	955
絳垣中學校補助費	955	-	955
聞喜中學校補助費	955	-	955
河津中學校補助費	955	-	955
公立女學校補助費	2,666	-	2,666
尚志小學校補助費	768	-	768
尚志女學校補助費	960	-	960
育德女學校補助費	1,008	-	1,008
國民教育補助費	7,848	-	7,848
省教育會補助費	4,836	-	4,836
模範宣講所補助費	1,000	-	1,000
留保軍官學生津貼	2,100	-	2,100

留京軍醫學生津貼	-	-	-
留京大學分科學生津貼	10,713	-	10,713
留京清華學生津貼	1,680	-	1,680
留旅順工科學生津貼	150	-	150
留京警官高等學生津貼	300	-	300
留日官立高等學生津貼	10,656	-	10,656
留京美術學校學生津貼	450	-	450
留南通紡織學生津貼	100	-	100
留金陵大學學生貸金	3,920	-	3,920
留京協和醫學學生貸金	840	-	840
留齊魯大學學生貸金	600	-	600
籌備國語統一會臨時費	-	6,720	6,720
育才館	14,400	849	15,249
育才館追加費	-	3,912	3,912
育才館附設雅樂專修班	5,226	622	5,848
育才館添置及補休文廟樂器祭服器品等費	-	3,670	3,670
大學校追加建築實習工廠各頂房屋工料費	-	14,703	14,703
洗心總社經修三丘閣工程費	-	2,275	2,275
洗心社補助費	-	3,600	3,600
教育會派員與第七次全國教育聯合會議旅費	-	1,000	1,000
山西日報館附設星期附刊	-	5,733	5,733
總計	896,946	78,591	975,537

三、興辦公共教育

　　Meta Brown 等人的研究表明，父母衡量收入在家庭消費和子女教育投入兩方面的分配問題時，往往會選擇偏重前者而低估後者。〔註42〕這種私人經濟下教育需求不足是由於教育收益滯後性問題，而教育供給的不足則是由於其非競爭性和非排他性的公共產品特性，因而需要將教育作為公共物品由

〔註42〕Brown M, Scholz J K, Seshadri A. *A New Test of Borrowing Constraints for Education*. Review of Economic Studies, 2009, 79（2）:511~538.

政府組織並提供財政幫助。民國山西省政府對教育比較重視，但由於「本省尚少實業家資助辦理教育慈善及社會福利事業」〔註43〕，省政府為補足教育缺陷，省立興建教育。因此，以公共教育為主是山西教育近代化的最顯著特點。

　　1922年全國共37所大學，其中5所為國立大學，2所為省立大學，13所私立大學，17所教立大學。這2所省立大學中就有一所為山西大學。1934到1935年中國大學院校分布中（見表格4-10），山西共5所大學院校，院校數量排第七位（與南京並列）。儘管院校總數少於上海、北京、河北、廣東等中央政府直轄市、教會滲透地區和有富紳資助教育傳統的地區，但其省立院校多達4所，占4／5，由此可見山西省政府公共辦校的力度。

表格4-10　中國大學院校分布（1934～1935）〔註44〕

地　　點	國　立	公立技術	省　立	市　立	私立（包括教會學校）	共　計
上海	7	2	-	-	15	24
北京	6	1	1	1	8	17
河北	1	-	6	-	2	9
廣東	2	-	1	-	5	8
湖北	1	-	1	-	4	6
江蘇	-	-	1	-	5	6
南京	1	2	-	-	2	5
山西	-	-	4	-	1	5
浙江	2	-	1	-	1	4
福建	-	-	-	-	4	4
四川	1	-	2	-	1	4
河南	-	-	2	-	1	3
山東	1	-	1	-	1	3
江西	-	-	3	-	-	3

〔註43〕山西省政協文史資料研究文員會：《山西文史資料全編（第 5 卷）》，1999 年版，第 1173 頁。
〔註44〕（美）費正清、費維愷著，劉敬坤譯：《劍橋中華民國史》，北京：中國社會科學出版社 2006 年版，第 391 頁。

湖南	-	-	1	-	1	2
廣西	-	—	2	-	-	2
安徽	-	-	1	-	-	1
雲南	-	-	1	-	-	1
甘肅	-	-	1	-	-	1
陝西	1	-	-	-	-	1
新疆	-	-	1	-	-	1
總計	23	5	30	1	51	110

　　另一方面，廣泛設置政府教育機構和公立學校，增強了推進教育普及的力度。「全國社會教育機關這裡指的主要是國民補習學校之多，山西居第一位」〔註45〕。民國19年統計全省教育機構共有8,772所。〔註46〕學校除了公立小學2萬餘所外，還有諸多中學、大學、以及工、農、商各類職業學校千所之多，另外夜間補習的國民教育補習學校、省垣洗心總社、貧民學校等為社會大眾所辦的學校也頗具規模，還有教育機構如勸學所、學務委員會、教育會、省身堂、育才館、民眾教育館等各負職責，推動了公共教育的發展。

　　教育近代化最重要的特點是將教育作為公共事業由公共財政支出來承擔教育費用，即教育財政化。1931年到1937年間（見表格4-11）山西省歷年財政支出中教育費是省政府第三大支出項目，與行政費用相當，占總支出10%左右的份額。

　　「表格4-11　1931～1937年民國山西省政府歷年財政支出（元）」為1921年山西省政府教育投入具體項目和資金，可見省政府財政撥款多用於中學以上的學校建設，如中學校、師範學校、實業學校、專門學校、大學校等，小學僅有貧民小學校和模範小學校類由省政府出資。另外，也可看出省財政對一些學生的補助和津貼費用，對學生的補貼如師範學校學生膳食費補貼，男師範學校「每生每月飯費以小洋計四元」，女師範學校「每生每月飯費大洋三元」，甚至省外師範學校學生也有「每生每月飯費大洋兩元」的補貼。〔註47〕。

〔註45〕薄右承講演，聶光浦筆記：《各省教育考察之經過感想》，《山西省認民眾教育館月刊》，1934年第1期第1卷。

〔註46〕周宋康：《分省地志・山西》，上海：中華書局1939年版，第83頁。

〔註47〕陳希周：《山西調查記》（卷下），南京：共和書局1923年版，第44頁。

表格4-11　　1931～1937年民國山西省政府歷年財政支出（元）〔註48〕

歲出預算	1931	1932	1934	1935	1936	1937
財政費	848,523	850,378	735,742	735,282	727,982	1,059,301
教育費	1,613,283	1,839,918	1,469,279	1,453,803	1,680,258	1,692,714
司法費	-	735,118	490,084	539,903	658,404	881,366
實業費	323,514	105,527	93,900	61,132	70,425	45,009
黨務費	287,150	222,600	116,860	116,860	166,860	166,860
行政法	1,758,149	1,848,064	1,454,458	1,575,198	1,568,458	1,751,672
公安費	480,546	392,824	292,098	291,458	341,035	411,799
事業費	710,114	327,038	921,214	979,337	2,980,247	3,311,071
建設費	319,859	132,714	89,264	80,983	74,666	82,812
協助費	10,797,000	6,838,100	9,139,407	8,722,030	732,000	1,452,000
預備費	160,000	167,421	347,212	361,369	521,231	419,866
衛生費	-	103,975	83,399	81,399	90,472	90,473
地方營業資本支出	-	120,000	-	-	-	-
臨時費	467,976	-				
撫恤費	-	-	21,000	21,000	21,000	21,000
總計	17,766,114	13,683,677	15,253,917	15,019,754	9,633,038	11,385,943
教育費占比（％）	9.08	13.45	9.63	9.68	17.44	14.87

　　除省政府發放教育支出經費外，「各縣地方教育經費以縣公款、各鄉攤款、地畝附捐、地租等為大宗」〔註49〕，即縣地方學校經費由縣政府財政支出，鄉地方學校經費由鄉里攤款收取。地方上籌措資金不僅負責承擔和籌措建校費用，還負擔了教師工資。「山西陽曲縣教育局現在規定，縣屬各鄉村小學校，依鄉村之大小，分為四級。教員薪水，即按四級分別規定。年薪185元至200元為第一級，165元至180元為第二級，145元至160元為第三級，125元至140元為第四級。」〔註50〕這一工資標準遠高於同時期當地的普通

〔註48〕中共山西省委調查研究室編：《山西省經濟資料（第四分冊）》，1963年版，第734頁。1933年數據在原史料中缺失。

〔註49〕周宋康：《分省地志·山西》，上海：中華書局1939年版，第81頁。

〔註50〕劉容亭：《山西陽曲縣三個鄉村農田及教育概況調查之研究》，載於李文海主編：《民國時期社會調查叢編（二編·鄉村社會卷）》，福州：福建教育出版社2014年版，第208～218頁。

收入水平，以陽曲縣狄村、西流村、享堂村三村為例（見「表格 4-8　狄村、西流村、享堂村學校教員學生及經費數目」），教員年薪分別為 185 元、165 元、150 元每人，比照三村農民收入（按收入最高的享堂村每人 6.3 畝土地，每畝年產小麥 1.3 石和 13 斗多，民國 21 年小麥 0.7 元每斗，則人均年收入僅為 57.33 元），鄉村教員年收入已經為農民年收入的 3 倍左右，且「學校經費，按村中地畝攤款籌措」〔註51〕，保證了鄉村教師薪資的發放。

民國山西教育近代化不同於傳統教育的特點為教育以實用為目的、大眾教育與精英教育並存以及以公共教育為主，而這其中以教育公共化影響最為深遠。政府對教育的財政支持是其他教育理念和政策實施的基礎，也是教育模式從根本上轉變的標誌。儘管當時仍存在一些私塾之類的私人傳統教育，但其數量已較為鮮見。民國山西教育近代化進程改變了山西傳統教育模式和教育觀念，當時許多人來山西考察教育事業，並作出「人民對教育都很信仰，作父兄的都願意叫子女讀書」〔註52〕的評價，可見山西省政府推行教育的社會影響力和認同感。

第三節　公共醫療衛生

公共衛生是指通過集體和社會的組織力量來保護、促進和改善人群健康。傳統社會公共衛生幾乎不屬於政府的職能範疇，從近代以來公共衛生意識傳入我國，政府逐漸將這一職能承擔起來。特別是 1917 年北洋政府防疫委員會的設立，以及各省防疫機關的成立，衛生防疫逐漸成為政府的基本職能之一，公眾健康受到國人及政府的關注，國家醫療衛生制度逐漸建立起來。山西地處內陸，民眾衛生觀念和意識較差，根深蒂固的傳統觀念對西醫十分牴觸，公共衛生事業發展較為落後且阻力重重。民國以來，儘管山西近代化步伐有所加快，但發展重點集中在經濟建設方面，注重資本的積累，對資本投入的方嚮明確在可迅速收回成本並實現盈利的部門，因而公共衛生這一無利可圖的事業僅僅是在不可不為之時才得到重視。

〔註51〕劉容亭：《山西陽曲縣三個鄉村農田及教育概況調查之研究》，載於李文海主編：《民國時期社會調查叢編（二編·鄉村社會卷）》，福州：福建教育出版社 2014 年版，第 208～218 頁。

〔註52〕王卓然：《中國教育一瞥錄》，上海：商務印書館 1923 年版，第 36 頁。

一、公共防疫事業

　　敦促山西省政府承擔起公共衛生職能的事件是 1917 年～1918 年原本在晉蒙交界之處爆發的鼠疫，這一疫情逐漸擴散至山西全境乃至全國，成為一場全國性的大疫病。在疫病爆發之初，當時的北京國民政府就做出了積極的防疫指示，並對山西下撥專門防疫款項約大洋 45000 元。山西省政府也採取了多項防疫措施，提出「主防不主治」的方針，設置防疫總局，以警務處南桂馨為主事，頒布訓令「全省防疫事宜各縣分線辦理。左雲、陽高、長天鎮、大同、平魯、朔縣、偏關、河曲為第一防疫線；懷仁、山陰、應縣、渾源、廣靈、寧武、神池、五寨、代縣、寶德、繁峙、靈邱縣、苛嵐縣、興縣為第二防疫線，均經分別電令遵辦在案。其餘各縣均為預防消毒縣。」〔註53〕控制疫情首先是控制交通，當時由內蒙入晉再由正太鐵路入京成為主要傳播路線，為阻斷傳播途徑，在交通要道設置檢查所，請西醫分往各所協助辦理，阻止人流。另外，對病人進行隔離，將染病之人送往隔離所觀察治療，或將病患所在村莊隔離，以免傳播。與此同時，進行衛生整治活動，擬定除鼠、清潔、燒毀患者用具、藥物消毒和日光消毒的簡易消毒辦法，並編寫預防鼠疫的順口溜對民眾進行宣傳，提高民眾的防疫意識，教育民眾正確的防疫方法。

　　儘管在天氣作用下疫情三個月內就得到較快撲滅，但近代山西公共衛生問題依然暴露無異，公共衛生體制較為落後，民眾科學的衛生常識較差，對焚燒屍體等措施十分抵制。「且我國衛生行政尚未完全，人民衛生知識未發達，舉凡預防器械消毒藥品大都仰仗國外，設非事先規劃則推延時日，疫氛愈漲為患愈大，設防亦愈難，而耗費亦愈巨。」〔註54〕山西省政府的公共衛生體制落後，沒有專門的防疫體制和防疫部門，「加之醫無一定機關可以為諸醫士之主腦，蓋其時雖有檢疫委員會奉令設置而會員多至三四十人，人人欲奮發有為而初不知如何著手」，可見沒有固定的防疫機關使得防疫人員無法得到有效的組織，使得其發揮作用的效果大打折扣。臨時組成的防疫部門雖及時制定了防疫計劃，但具體實施過程中召集醫護人員和籌集相關藥品尚需時日，發放藥品和治療患者就更加滯後，導致疫情蔓延。

〔註53〕王承基編：《山西省疫事報告書（第 2 編）》，轉引自山西省地方志辦公室編：《民國山西史》，太原：山西人民出版社 2011 年版，第 139 頁。
〔註54〕《申報》1918 年 1 月 10 日。

　　另外，中央與地方的矛盾也是阻礙防疫的一個重要因素。山西作為疫情主要發生地，對疫情的管控勢必限制了經濟的發展，特別是對鐵路的封鎖，更是遏住了山西的咽喉要道，造成晉系軍閥在競爭中的不利因素。而北洋軍閥試圖藉此使國家權力在地方滲透和擴張，以削弱地方軍閥勢力，實現中央集權，勢必遭到各級政府的抵制。地方以「商情困苦，人心洶洶，流言甚多，不忍卒聽，惟火車早開一日始可早安一日之人心，若再遷延恐置萬民生於死地為理由，不斷地向中央施加壓力。」〔註55〕政府執政者也有公共衛生意識不強，對防疫指令的實施有所懈怠，出現瞞報、謊報疫情的現象，例如保定許道尹「對於應辦房屋漫不經意，平山有疫地點並未設法隔離，定縣則僅派二三巡警，並據外國醫士報告，看守疫宅之警竟將應隔離之人擅放入城趕集致增傳播。」〔註56〕「綏遠都統禁止羊毛商人往來且裝聾作啞，不承認有疫之情形。晉省官場腐敗早見於北京七日通訊，就今日電信觀其頑固可謂達於極點。」〔註57〕

　　在 1918 年疫情撲滅之後，山西於 1919 年仍舊再次出現傳染疫情，後於 1924 年和 1931 年等年份也同樣出現，「本年（1924）陰曆九月九日醫士等奉省長委派，往該縣（臨縣）防疫，比至該縣，業已死亡五百餘名」〔註58〕而山西省政府對疫情的關注則遠不如 1918 年時，疫情防治基本成為縣地方事務，「不再是『國家的公共衛生』，卻轉化成『地方的公共衛生』」〔註59〕，體現出山西省政府對醫療服務有限的重視程度。山西省政府的衛生事業費在大部分年份都不到財政支出的 2%，1932 到 1937 年更是不到 1%（見表 4-12）。日常的公共衛生僅限於建設廁所、打掃街道，防疫設備也僅有石灰而已。在沒有固定的防疫機構和隊伍的情況下，只在疫情十分嚴重的時候成立臨時機構，採取應急措施，如 1932 年新絳「因發生虎疫，臨時召集士紳、醫士組織防疫局，現已撤銷」。〔註60〕民國中央內務部內設有衛生司（後改設衛生部）且頒布全

〔註55〕《大公報》1918 年 1 月 17 日。

〔註56〕《政府公報》1989 年 2 月 20 日。

〔註57〕《申報》1918 年 1 月 10 日。

〔註58〕趙儒珍：《臨縣防疫記》，《醫學雜誌》第 22 期《報告門》，第 81 頁，轉引自曹樹基：《國家與地方的公共衛生——以 1918 年山西肺鼠疫流行為中心》，《中國社會科學》，2006 年第 1 期。

〔註59〕曹樹基：《國家與地方的公共衛生——以 1918 年山西肺鼠疫流行為中心》，《中國社會科學》，2006 年第 1 期。

〔註60〕山西省民政廳：《山西民政刊要》，1933 年版，載於《近代中國史料叢刊 3 編》第 74 輯，臺北：文海出版社 1993 年版，第 252～258 頁。

國衛生行政系統大綱，規定省設衛生處，市設衛生局，但太原市的衛生機構直至抗日戰爭勝利前，始終未能單獨建立，只是在警察、公安、民政內設置衛生科（股）。〔註61〕

表格 4-12　1932～1937 年山西財政預算衛生費占總支出的比重〔註62〕

預　算	1932	1934	1935	1936	1937
衛生費	103,975	83,399	81,399	90,472	90,473
總支出	13,683,677	15,253,917	15,019,754	9,633,038	11,385,943
衛生費占比	0.76%	0.55%	0.54%	0.94%	0.79%

儘管如此，1917～1918 年這次疫情的撲滅仍然對山西的醫療衛生情況有一定的推動作用，從 1912 到 1926 年山西人口死亡率及其原因上看（見表 4-13），山西人口死亡率在 1916 年達到高峰 4.01%，死亡人數 421,876 人，到 1919 年死亡率就下降並穩定到 2%以下。在死亡人數中由於霍亂、赤痢、傷寒、痘症、疹熱症、白喉這五種疫症死亡的人數也是 1916 年最多，占到死亡人數的 69.48%，1919 年下降到 49.53%，1921 年以後基本保持在 40%左右。

表格 4-13　1912～1926 年山西人口死亡率及原因〔註63〕

年份	死亡人數	死亡率（‰）	霍亂（人）	赤痢（人）	傷寒（人）	痘症（人）	疹熱症（人）	白喉（人）	疫症死亡人數占死亡總人數比率（‰）
1912	218,333	2.17	11,131	12,610	20,737	6,048	5,495	5,578	28.21
1913	193,791	1.89	32,240	28,926	32,166	8,676	12,582	5,435	61.94
1914	142,573	1.36	20,273	19,595	28,543	6,893	6,707	11,430	65.54

〔註61〕朱哲文：《解放前的太原醫藥衛生事業》，載於中國人民政治協商會議山西省太原市委員會文史資料委員會編：《太原文史資料》（第6輯），太原市政協文史資料委員會 1986 年版。

〔註62〕數據來源於中共山西省委調查研究室編：《山西省經濟資料（第四分冊）》，1963 年版，第 734 頁。1933 年數據在原史料中缺失。

〔註63〕山西省政府統計處編纂：《山西省第九次人口統計（民國十五年分）》，1935 年版。

1915	246,534	2.38	12,657	27,176	-	11,626	9,779	21,700	33.64
1916	421,876	4.01	68,123	55,098	75,517	29,159	20,527	44,704	69.48
1917	245,506	2.17	40,382	32,974	36,534	16,357	13,128	15,774	63.20
1918	242,813	2.39	30,380	29,984	35,065	13,113	24,799	16,233	61.60
1919	166,374	1.46	2,425	12,562	11,216	8,465	43,156	4,581	49.53
1920	132,090	1.15	3,892	7,239	10,333	4,633	31,065	2,723	45.34
1921	134,977	1.16	2,200	7,353	12,003	3,452	26,142	2,363	39.65
1922	160,908	1.37	3,146	7,590	12,402	3,574	29,941	7,404	39.81
1923	136,709	1.16	2,732	7,601	11,690	8,203	21,625	6,647	42.79
1924	151,958	1.27	3,014	8,694	9,364	7,585	27,471	6,383	41.14
1925	132,762	1.11	2,666	5,923	9,002	4,632	24,277	5,997	39.54
1926	127,085	1.06	4,478	7,062	9,503	5,925	19,519	4,639	40.23

二、近代醫療事業

　　如果說山西近代公共防疫事業是在疫情之下不得不為的事業，那麼近代醫療就應當是政府主動承擔醫療衛生建設的體現。民國時期山西出現了近代醫療機構，1907 年正太鐵路下設的醫務處為山西最早的官辦企業醫療機構，1913 年服務於軍隊的山西陸軍醫院則是最早的官辦醫院。之後陸續的出現了山西醫院、川至醫院、子高醫院、達聲醫院等近代私立醫院，同時出現了多家中西醫大藥房，以及中法、中華、五洲、世界等藥房的分支機構，1936年太原共有 8 所西藥房。1919 年成立中醫改進研究會，是近代中國第一個官辦中醫社團，並在此基礎上創辦山西醫學傳習所，後更名為山西醫學專門學校，培養醫學人才。但該校 1931 年被省教育廳關閉，1932 年復建為私立山西川至醫學專科學校。同年，西北實業公司醫院隨公司建立，主要服務西北實業公司的公職人員，公司職工工傷不收費用，非工傷藥價減 50%。

表格 4-14　太原市醫院及其位置〔註64〕

醫院名稱	地　　址
山西醫院	上官巷
小慶醫院	皇華館
耶穌男醫院	東夾巷

〔註64〕山西民社編：《太原指南》，北京：北平民社 1935 年版，第 105 頁。

新新醫院	上馬街
亞東醫院	上馬街
固生醫院	南肖牆
晉安醫院	橋頭街
遠生醫院	橋頭街
頤和醫院	南肖牆
中德醫院	柳巷
中華醫院	柳巷
惠安醫院	南肖牆
接產醫院	西夾巷
陸軍病院	大東門街
協善醫院	大鐵匠巷

　　「表格 4-14　太原市醫院及其位置」中可見太原當時已有現代醫院 15
所，基本均為外國醫院、教會醫院和本地私立醫院，所處位置均為市中心地
價較貴的繁華地帶。當時的醫療衛生事業是有收入可賺錢的行業，因而引得
私人醫院和教會醫院不斷出現，而由政府投資的衛生防疫事業則由於無利可
圖而未受到足夠重視。1934 年太原僅有公立醫院三所，為山西陸軍醫院、山
西大學醫學院附屬醫院和西北實業公司醫院，醫生、護士共 200 名左右，病
床 200 張。當醫療衛生成為盈利性商業服務而非社會保障時，就必然會有高
額的費用，使囊中羞澀的人家望之卻步，成為少數人才消費得起的奢侈服務。
從「表格 4-15　1923 年太原居民衛生費比重表（元）」中可見，太原居民中
僅有士上這一階層衛生費占到總消費的 13.41%，而其他階層都在 7%以下，
農民下等階層的醫療費每年僅 56 元，與最高的士上相差近 800 元。而同時
期北平等地已出現公立醫院如內城官醫院和外城官醫院等，並出現了免費醫
療。1934 年，山西私立醫院和診所 216 所，其中多為僅有病床 2～6 張、醫
護人員 2～5 名的小型機構，公立醫院僅 7 所，其中西北實業公司醫院規模
較大，擁有 20 名醫護人員和 30 張病床，儘管科室較為齊全，擁有太陽燈、
X 線、電療器、顯微鏡等現代醫療設備，但由於缺乏外科醫生，較少開展外
科手術。

表格 4-15　1923 年太原居民衛生費比重表（元）〔註65〕

項　目		衛生費	總消費	比重（%）
士	上	113.75	848.25	13.41
	中	23.75	360.25	6.59
	下	7.5	157	4.78
	均	48.33	455.17	10.62
農	上	9.75	184	5.3
	中	5	118.25	4.23
	下	2.5	56	4.46
	均	5.75	119.42	4.81
工	上	16.25	244.75	6.64
	中	10.5	147.75	7.11
	下	2.5	75.95	3.29
	均	9.75	156.15	6.24
商	上	23.75	357.5	6.64
	中	12	203	5.91
	下	2.5	83.5	2.99
	均	12.75	214.6	5.94

三、公共衛生和健康

20 世紀 30 年代全國倡導「新生活運動」開始，山西為響應該運動，開始大規模建設公共衛生事業，對公共場所的衛生制定了各項相關規定，將「清潔」運動作為公共衛生建設的中心內容，頒布了以整頓市容、防疫衛生、體育運動和革除舊風陋習方面的倡導建議。在各項措施實施後，山西公共環境衛生得到了一定的改善，大至工廠、學校、街道，小至各商鋪、家庭、公共廁所，衛生狀況都有所好轉，並得到蔣介石「視察新生活，惟山西進行甚為嚴厲，成績甚佳」〔註66〕的評價。為了督促公共場所衛生工作的進行，政府專門派人進行宣傳和檢查，太原縣對澡堂、旅店、飯館、理髮店等地進行不定期的

〔註65〕數據來源於山西省長公署統計處編纂：《山西省第五次經濟統計正集（民國十二年分）》，民國十四年十月刊行。

〔註66〕蔣介石：《復興國家民族惟有新生活——二十三年十一月十日在太原各界聯合歡迎大會講演》，《中央週報》，1935 年第 334 期。

衛生檢查，汾西縣規定「穢土污水，不可向街巷內隨意亂拋潑灑」〔註67〕，臨汾、興縣等地要求取締野狗，已防治當地惡狗泛濫引起的犬疫問題。另外，還推行全民健身運動，普及體育鍛鍊，由公務員帶頭運動，省政府公務員每日工作完畢後，在專業人員指導下練習刀劍、拳術、球類等運動一小時，並由此推廣至各級公務人員。在公務員中組織運動會，比賽國術、乒乓球、網球等項目。政府部門帶頭使整個社會的體育觀念有所改善，增強民眾身體素質成為一種時尚和流行趨勢。

第四節　其他公共設施和公共服務

　　除交通、教育和醫療這三項公共服務外，山西省在近代城市建設、通信、水電和社會保障等方面有一定的建樹，並體現了山西省政府在公共物品選擇上的傾向性。在近代化初期不能保證各項事業平衡發展，因此對公共設施和公共服務的提供有所側重。

一、城市設施建設

　　雷德菲爾德認為中心城市在古代多為宗教—政治或文化—政治中心，而近現代城市則多為經濟中心〔註68〕，城市在近代化過程中，其職能逐漸由政治轉移向經濟，我國的城市近代化也遵循了這一規律。隨著租借地城市建設方面的借鑒，市政建設成為近代中國求新之舉。「竊議市政之建設，近已成為專門科學。歐美文明各邦，固無論矣，即我國京滬粵漢各通商大邑，凡具有新式城市之風格者，其建設之始，殆無不一本科學之成規，絕非墨守成法，閉門造舟者可濟。」〔註69〕民國是太原近代化轉型時期，隨著產業結構的變化，城市組織、形態和功能都發生了轉變。伴隨工業建設的需要，興建了許多廠區，擴大了城市規模，城市化進程加快。

　　首先，城市範圍擴大。太原市設在當時的陽曲縣城，民國初年以大南門、

〔註67〕周令聞：《汾西規定滅蠅運動實施辦法》，《山西省新生活運動促進會會刊》，1935 年第 18 期。

〔註68〕Redfield, R. , & Singer, M. B.（1954）. The cultural role of cities. *Economic Development & Cultural Change, 3*（1）, 53~73. "In ancient civilizations the urban centers were usually policical-religious or political-intellectual; in the modern world they are economic."

〔註69〕《太原市之建設問題》，《山西日報》1930 年 1 月 9 日。

大北門、小東門和水西門為界的城牆所轄之地〔註70〕，1912年設山西省會警察廳，管轄省城及附近的區域。1920年設太原市政公所，1927年正式建市，省會警察廳改為太原市公安局，其管轄區域「東起城東門外之西人義地，西迄汾河邊，南界大營盤，北至飛機場。東西寬二十餘里，南北長三十餘里」〔註71〕，城市範圍打破原有城牆區域，擴展到周邊更廣大的區域，表現出近代城市規模擴大的趨勢。「而後太原城內，人口漸繁，商務漸盛，街衢日闊，建築日增，於是向之丸礫之場、沮洳之地，今則峻宇朱門，鱗次櫛比矣。」〔註72〕1933太原城市人口達到129,055人，面積42方里，人口密度達到3,072人每平方米。〔註73〕太原市下設四個區，分別是一區署在紅石牌樓，二區署在前所街，三區署在西羊市，四區署在西緝虎營。

　　其次，近代化城市建設初現。道路兩旁有排水系統，道路清掃環衛工作頻繁認真街道乾淨整潔。為保持城市形象，還於30年代專門頒布了《太原市整理市容辦法》〔註74〕，以「清潔」「衛生」為目標詳細規定了清理牆壁、清理街道和溝渠、整飭商販等內容，要求清道夫將道路及兩旁溝渠均打掃乾淨，每日早晨掃街道一次，日中視清潔程度臨時打掃，每日早晚派灑水車灑水兩次，每年春夏秋各舉行一次全市大掃除，由公安局負責推行，並由各街街長督辦。對城市的管理細化到街道，由行政公所主持下設街長，每年一屆「分街選舉，並派員前往監視，以昭慎重。」〔註75〕當時江蘇人來晉考察，稱其為「往來街衢塵埃不興，較之往昔已大異矣。」〔註76〕「市內各處有許多結構美輪美奐的洋館建築，是中國內地所少見的」。〔註77〕可見民國以來太原城市形象已發生較大變化。太原通往外部的城際交通公路和鐵路逐漸貫通，客運和貨運能基本

〔註70〕東亞同文會編印：《「支那」省別全志（第17卷・山西省）》，1920年版，第5頁。習慣上稱陽曲縣為太原或太原府，與在西南方位的太原縣有所區別。

〔註71〕實業部國際貿易局編印：《中國實業志（山西省）》，1937年版，第三編第二（丙）頁。

〔註72〕《晉陽日報三十週年紀念特輯・三十年來之山西》，晉陽日報社1936年版，第135頁。

〔註73〕太原經濟建設委員會經濟統制處製：《山西統計（綏遠附）》，「山西各縣市面積人口及人口密度統計表（民國二十二年十月調查）」。

〔註74〕山西民社編：《太原指南》，北平民社1935年版，第70頁。

〔註75〕《山西日報》，1929年12月16日。

〔註76〕陳希周：《山西調查記》（卷下），南京：共和書局1923年版，第7頁。

〔註77〕東亞同文會編印：《「支那」省別全志（第17卷・山西省）》，1920年版，第29頁。

滿足，「東有正太鐵路以連平漢，中有同蒲鐵路縱觀全省，北聊平綏，南接隴海，而白晉汽車路，經長治晉城以通河南，博愛縣與道清鐵路接連；南北東西汽車路線復均以太原為總匯，指顧八方，有東側西應之便，政治經濟軍事皆屬重心。」〔註78〕城市基礎設施雖較少為民用，但已計劃或開始建設，山西日報就有報導太原準備添設路燈的文件。城市景觀也隨之變化，出現洋式建築，城市建設呈現出一副新的景象。

圖 4-2　民國太原城市圖〔註79〕

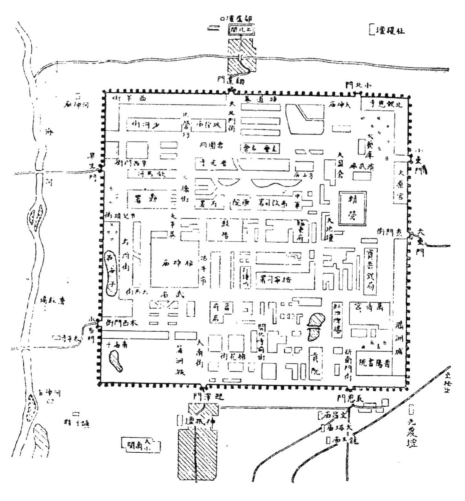

〔註78〕實業部國際貿易局編印：《中國實業志（山西省）》，1937 年版，第三編第二（丙）頁。

〔註79〕東亞同文會編印：《「支那」省別全志（第 17 卷・山西省）》，1920 年版，第 26頁。

公安局昨日行知各區署云，為行知事，按準太原市建設委員會函
開〔註80〕

　　敬啟者：查太原市各背巷，路燈設置甚少，行人往來，大感不
便。茲經本會第三次常會議決，函請貴局對本市各街巷，應添設路
燈若干。並統計供需費若干，詳為規劃，以便設法增加，相應錄案
函達。即請查照見復為荷，此致等因。准此合即行仰該區署。速派
幹警，實地調查，將所轄各街巷應行添設之路燈盞數詳細開單呈報，
以備轉復云云。

　　然而，太原市的發展仍然遠遠落後於中部東部城市，室內交通發展滯後，
交通工具仍以人力車為主，約有人力車 2000 餘輛，分為客運的洋車和貨運
的推車，多集中在火車站及長途汽車站外等待載客分貨。「汽車之在太原市內
者，屬軍政界長官及富商等自用。營業汽車尚無所聞。」〔註81〕可見當時民
用汽車僅為少數官商自用，並無營業性汽車或公共汽車，而同時期上海公共
交通電車已達百輛，年乘坐人次已達億數之多〔註82〕。再如城市基礎設施，
也偏重廠礦需要，為其提供水電，而使用電燈照明的居民則不足 1 / 6，自來
水普及率僅 16%，排水管道總長也只有 5 公里左右，絕大多數居民仍使用井
水飲用。〔註83〕直至 1936 年才有創建自來水的內容，計劃從城東北角外鑿
井取水，居高臨下，建水塔，鋪管道，發展自來水用戶。但由於抗日戰爭打斷
了建設進程，加上技術條件限制，計劃未能實現。公共廁所全市共有 15 個，
分別在寧化府、新南門街、新成西街、臨泉街、炒米巷北口、後鐵匠巷西口、
四岔樓北口、東米市西口、廟前街南口路東、督軍街路西、西廟巷路西、九
仙橋北路西、坊山府街路東、北門街城門東、小北門街。截止 1949 年，太原
城區面積 30 平方公里左右，人口約 21 萬，市內公路仍有 50%以上為碎石
路，市政公用設施依舊較差。〔註84〕

〔註80〕《並市添設電燈之預聞》，《山西日報》1929 年 11 月 23 日，轉引自賈立進主
　　　　編：《民國太原》，山西人民出版社 2011 年版，第 230 頁。
〔註81〕山西民社編：《太原指南》，北京：北平民社 1935 年版，第 121 頁。
〔註82〕上海市公共交通公司編：《上海市街道和公路營業客運史料彙集》第 5 輯，上
　　　　海檔案館藏，第 157 頁和第 266 頁。
〔註83〕趙永革、王亞男：《百年城市變遷》，北京：中國經濟出版社 2000 年版，第 316
　　　　頁。
〔註84〕趙永革、王亞男：《百年城市變遷》，北京：中國經濟出版社 2000 年版，第 316
　　　　頁。

另外，其他縣城也開展了一些城市整治活動，為了改善商販就地擺攤造成街道混亂的局面，對各地商販進行集中經營，設置專門公共市場，規範商販買賣行為。如汾陽縣原本在縣城主道上「街道狹窄，人畜擁擠，而道旁及臺階上零星擺攤者甚多……一律移集市場及太和橋街寬敞之處」〔註85〕。太谷縣將縣城各大小街巷墊修平坦，並倡導商號和市民灑掃以保持清潔，街道變整潔美觀。翼城縣「將市房佔用官街前廊第二層前簷，一律拆去，改修鋪面……一目遠望，街衢宏大，鋪面嚴肅，空氣清潔」。〔註86〕大同縣由街長對各家各戶的衛生進行督促檢查，並有灑水車對主要街區進行掃灑。不僅如此，對各地的公共廁所也提出新的管理辦法，對公共廁所進行清潔和消毒，相對完善了城市的基礎設施和市政服務。城市衛生得到了較大的改善，城市面貌煥然一新。

二、通信事業

通信事業是提高信息流通速度，降低信息成本，提高市場效率的重要手段。近代以來隨著通信技術的傳入，國人逐漸意識到通信對國家政治、經濟和文化發展的推動作用，將通信業務作為政府壟斷的公共事業加以建設。山西郵政開始於光緒二十七年（1901），為副郵界，在太原設立副總局，民國二年改組為正郵界，民國三年改組為郵務組，成立山西區郵務管理局，設在太原市前所街，到1916有增設村鎮信櫃，1919年創設村鎮投遞區段收寄村鎮郵件，郵務日漸擴大，村鎮郵櫃達到467處，村鎮郵站356處，原有民信局逐漸被擠壓關停。〔註87〕郵政第一支局設在太原離正太鐵路不遠處的首義門，郵政第二支局設在上肖牆，另外在按司街的郵政總局內也可收發郵件。到1937年，山西共有49處郵政局和郵政所，遍布89個縣城，郵路17,555公里，其中87.9%是步班郵路，汽車郵路和鐵道郵路僅各占6.6%和5.5%，郵政版圖不斷擴大，郵路比清末延長一倍有餘。〔註88〕

〔註85〕孟子忱：《汾陽挪移攤販以利交通》，《山西省新生活運動促進會會刊》，1935年第13期。

〔註86〕趙桐：《翼城整理市容擴充城市街道》，《山西省新生活運動促進會會刊》，1935年第19期。

〔註87〕周宋康：《分省地志‧山西》，上海：中華書局1939年版，第136頁。

〔註88〕山西省史志研究院：《山西通志‧郵電志》，北京：中華書局1996年版，第98頁。

近代通信事業的另一趨勢是電信化,「此種交通機關(指電信)的價值,在於不受時間和空間的限制,廣大的區域,遙遠的距離,均得行急速的傳報,效用之廣可想而知。」〔註89〕由於電信的高效便捷,特別是在戰爭中起到即時通報的作用,對於民國各地軍閥政府管理尤為重要,電報、電話等在民國時期得以迅速發展並擴大範圍。「山西有限電報系交通部經營,為全國電報區域之一,稱山西電報區。本區現有電報局共十二所,報話營業處十四所,電報局有管理局一,一等電報局三(本區無特等局、二等局、三等局),四等電報局二,支局八,報話代辦處五。」〔註90〕電報以太原為中心,四大幹線向南可通到永濟韓陽鎮,向北延伸至陽高縣,東到石家莊,西到噴口。另外省內重要縣鎮有直線通達,向外可直接通報到北平、石家莊,向內可到達陽泉、平定、壽陽、大同、代縣、原平、忻縣、榆次、清源、交城、太谷、文水、汾陽、平遙、臨汾、侯馬、祁縣、新絳、洪洞等地。

山西省電話最早出現於晚晴,已覆蓋主要縣鎮。「山西省城市電話以太原為最早,遠在清光緒三十二年間,其後相繼設立,現全省電話可分為部辦、省辦、縣辦三種。」〔註91〕到1935年電話線808公里,用戶222戶〔註92〕,1937年抗戰前發展到電話線1,214公里,用戶443戶,全年營業收入在35,000元以上。〔註93〕長途電話有兩種,一種為交通部電報局所辦,另一種為軍用電信局所辦。軍用電信局所辦的長途電話始創於1918到1919年間,主要為軍用和省政府傳達命令所用,1928年後向普通商民開放,以求促進工商業經濟發展。交通部長途電話則較晚,於1931年所辦,經過發展,借用報線接通長途電話。抗戰前,全省共有二十九個縣市擁有城市通信電話,有六十多個縣市有長途電話。

電報和電話在公務部門的使用,提高了信息傳遞的速度,提高了行政效率。為推廣電話傳達事項的方法,閻錫山專門進行了「利用電話增進工作效率」的講話,要求機關人員減少面見而廣泛使用電話通信,以縮短辦事時間、降低行政成本、提高工作效率。

〔註89〕 金家鳳:《中國交通之發展及其趨向》,南京:正中書局1937年版,第245頁。
〔註90〕 周宋康:《分省地志·山西》,上海:中華書局1939年版,第135頁。
〔註91〕 周宋康:《分省地志·山西》,上海:中華書局1939年版,第136頁。
〔註92〕 山西郵電志編纂委員會編:《山西郵電志》,太原:山西人民出版社1995年版,第351頁。
〔註93〕 實業部國際貿易局編印:《中國實業志(山西省)》,1937年版,第九編第六七(壬)頁。

利用電話增進工作效率〔註 94〕

——（民國）二十四年七月八日在綏署省府擴大紀念周之講話

各機關安設電話，非為減少傳事之腳步，實為經濟事件，增進工作之效率。事件不經濟，大足以減少工作效率，亦即減少立國要素之富強文明。

各機關首領及承辦某事人員，遇有與其他機關接頭之事時，應利用電話說話，以圖迅速而免遺誤。各上級機關對下級機關，遇有告知或詢問之事，亦應儘量利用電話，直接通話，不可輕易以電話招之使來，再為面說，以免費時失事。此後各機關，應本此旨辦理，並應切實加以訓練，俾能善於使用。否則物質科學之發明，在人善於利用，則功效大；在我不善利用，則非特功效小，並將發明電話有益於人事進步之意義，亦失去矣」

三、水電事業

1920 年提出的「厚生計劃」（即「發展實業之六大計劃」）中制定了電氣計劃，認為「力為人群發展之一要素，電氣普及則力發達，一切事業均賴以進行。」〔註 95〕其目的在於普及「電氣效用」，每年劃撥大洋 30 萬元，總經費 500 萬元，計劃十年在太原、平定、襄垣、長治、晉城、平陽、運城、新絳、靈石、寧鄉、汾陽、岢嵐、朔縣、崞縣、大同等全省 15 個區設置電器廠，以實現電氣普及到村鎮的目的。其中將太原廠規模定為 1500 千瓦，其他 14 處規模均為 500 千瓦，合計全省發電量期望達到 8500 千瓦。電力供應以公共服務的性質提供，不以盈利為目的，其定價期望以維持運行的成本為準。對此，在前文中已有詳細闡述，不再過多贅述。

由於資金、技術等因素影響，電氣計劃中試圖將電力普及至村、達到家庭電力機械生產的宏偉目標並沒有能夠實現，僅保證了工業和軍事用電，民用需求因價格高昂難以支付，民用供給也因生產力有限、鋪設電路成本較高而短缺不足。

用水方面，山西原本水利較少，舊有渠道也幾經廢棄，因而民國將水利

〔註 94〕《閻伯川先生言論輯要（第八冊）》，太原綏靖公署主任辦公處 1937 年版，第 24 頁。

〔註 95〕山西省地方志辦公室編：《民國山西史》，太原：山西人民出版社 2011 年版，第 113 頁。

當做「六政三事」之首，「凡可以資農田利賴者，罔不設注疏濬，且築池鑿井，以利灌溉」〔註96〕，為促進農業生產大力發展水利建設。山西省政府頒布水利貸金辦法，對於民間興修水利給予資金支持，使得多處旱田變為水田。閻錫山私人出資合營創辦三家水利公司，分別為山陰縣的富山水利公司、朔縣的廣裕水利公司和廣裕水利公司第二支店。另外，1929 年開鑿己巳渠，1932 年建成後共可覆蓋耕地 16,000 餘畝，延渠各村土地由旱地變成水地，糧食產量得到成倍增長，附近村民受益良多。水利與電氣等公共服務一樣，將建設重點放在生產用水上，對生活用水投入較少，城市用水依舊沒有得到解決，直至 1941 年在太原仍主要依靠井水生活。「太原市民渴望之自來水，政府前曾對於建築水源用之大給水塔」〔註97〕，工業用水已經有水塔自來水供給，而生活用水則遲遲未能得到解決。

四、社會保障事業

山西省政府還推廣社會慈善事業，《十年省政建設計劃案》中計劃設立感化院、孤老院、殘廢院、貧兒教養院等，以幫助鰥寡孤獨等弱勢群體人。設立平民工廠，收容無業游民，從事機器紡織業等勞動密集型簡單技術工作，可生產市布、毛巾、毛毯、毛呢等。1936 年平民工廠共有職工和工人共 323 人，其中有 50 名童工為收容孤兒。1934 年成立山西貧民合作工廠，由政府撥款 3 萬元，從事紡織業，生產粗布、毛衣、手套等，收容孤兒童工 242 名。然而平民工廠在建設和生產過程中，能省即省，工廠的房屋，十分簡陋，工人工資則盡力減至太原的最低生活水平程度。《民國日報》報導中，位於城隍廟街的平民工廠「內容極其黑暗。窗戶緊閉，惡臭刺鼻，工人排列兩行，面色黃瘦衣服破爛，且具驚恐的氣象。其制襪紡織等廠工人尤苦於製鞋廠，菜園工人完全裸體，臉上污穢，形如鬼怪，廠內一概費用外還有餘積，菜園即是廠內餘積所購買的。工人直接談話據該廠某工人云，每日除吃飯外，幾乎沒有休息時刻，所吃多係臭敗小米，且不得飽，倘若有絲毫不對處，即被領班毆辱，終朝不許出門云。」〔註98〕考慮到中原大戰後中央政府與山西政府的貌合神離，代表中央

〔註96〕《晉陽日報三十週年紀念特輯・二十年來之山西》，太原：晉陽日報社 1936 年版，第 5 頁。
〔註97〕《並市自來水將出現，現正進行裝置工程》，《山西新民報》1941 年 10 月 5 日，轉引自賈立進主編：《民國太原》，太原：山西人民出版社 2011 年版，第 239 頁。
〔註98〕《民國日報》1922 年 9 月 10 日（上海版）。

聲音的《民國日報》可能對山西評價過激，但仍可從側面作為反映太原工廠一隅的實際情況。

地方政府作為地方事務的管理者，是公共物品提供者，並處理外部性問題。交通運輸和工農業建設所用水利、電力等高投入率、低資本回報率的建設項目，私人因資金不足且收益緩慢而供給缺失。但這些都是經濟建設的基礎項目，對經濟建設有著至關重要的作用，正外部性較強，溢出效應較高，並且可以帶動相關需求和就業，直接推動國民收入總量的增加，因此山西省政府對於這兩項事業較為重視。另一方面，社會總福利的大小不僅取決於國民收入總量，還取決於國民收入的分配。庇古認為在社會成員間分配的國民收入越是均等化，社會福利越大。因此在注重經濟建設的同時，政府也應該擔負起社會保障、醫療防疫和教育等事業，以財政手段對社會財富進行二次分配，保障人民的基礎生活。在這一方面，除了教育因其對經濟技術的巨大作用而受到重視外，其他社會保障和醫療防疫等都作為經濟建設下的犧牲品，雖也有相關措施，但實施和收效甚微。山西省政府在選擇公共物品時偏向於對經濟發展外部效應較大的長途運輸和教育，而其他關乎人民生活水平和質量的醫療、民用水電、市內交通等則成為經濟發展的非均衡因素。

第五章 民國山西公共經濟發展的
社會影響

　　公共經濟作為以國家強制力為保障的經濟，對國民經濟有推動作用，並能引導私人經濟發展方向。公共經濟收入是保障地方安定秩序、保護生產工作順利進行的財政基礎。公共經濟支出可構成消費需求，刺激經濟增長。公共經濟的生產可直接推動社會生產力進步，彌補私人生產在某些領域投資不足的問題。公共經濟還可對社會財富進行二次分配，縮小收入分配差距，緩和社會矛盾。另外，公共經濟對市場具有導向作用，引導貨幣、價格、物流等關鍵因素，從而實現政府調控經濟的目的。通過對民國時期山西省社會經濟發展脈絡的梳理，我們可以發現，公共經濟對社會發展產生影響並不局限於財政規模所及範圍內，而是輻射向整個社會角落和經濟單位，對社會和經濟具有導向性作用，並對私人經濟產生溢出效應。

第一節　公民素質和社會科技水平提高

　　公共支出的增加有利於推動山西近代化發展，推動生產力進步，提高勞動力素質和生產技術水平。一方面財政在教育、文化和科技方面的投入，推動了山西文化的進步，公民素質得到普遍提高，高素質人才數量增加。Gerhard Glomm 認為民辦教育體制不會給經濟帶來持續的增長，而公共教育制度則能夠給經濟帶來更高且是可持續的而非週期性的增長。〔註1〕這正是

〔註1〕Glomm G. Parental choice of human capital investment〔J〕. Journal of Development Economics, 1997, 53（1）：99～114.

教育公共化後擴大教育普及程度所帶來的群體素質提高的表現，從而產生環境內的相互影響，進而使整個社會生產率提高，並增強社會的穩定程度。另一方面近代工業的聚集和繁榮，生產率的提高，反過來又會促進國民收入的提高，成為培養技術人員的資金保障和促使高素質人才聚集的吸引力，推動勞動力技術水平的發展。公營事業的不斷擴大給人力資源發揮和學習的平臺，也成為技術研發和進步的基礎，公共經濟的發展對社會經濟發展所產生的影響不僅體現在國民意識和道德素質上，還體現在促進了工業發展和吸引了人才集聚。

一、公民素質提高

適宜的社會和文化風俗環境是經濟擺脫傳統社會階段走向現代的重要條件之一，從「六政三事」開始，山西省政府就將破除舊習、開民智作為發展目標，省政府以實用為目的，大力發展公眾教育，並且進行了教育公共化改革，將教育作為由政府提供的公共服務產品，以解決私人教育供給和需求不足的問題，增加了當時山西全省受教育人數和年限，提高了省內民眾整體素質。首先，義務教育和鄉村教育的開辦增加了受教育民眾範圍，一方面，使民眾文化素質有所提高，最基本的就是文盲率的減少，到 1919 年「文盲減少約為人口總數 1／10，成績為全國第一」〔註2〕，使一般民眾可以識字、看報，瞭解社會動態和政府公告，有利於政令的傳播與執行。一方面進行文化教育，一方面重視職業技能的培養，既可將受教育人才直接投入到實踐工作當中進行歷練，又對文化水平較低的老弱婦孺等進行技術培訓和指導。特別是「六政三事」的推行過程中，結合水利、牧畜、蠶桑、種樹、造林、植棉等實務，培養勞動技能。認為「所以現在學校裏培養人才，應該趕快向實際生產方面來注意。如墾殖、水利、農業、牧畜、化學、機械、電氣等等。因為有了專門的研究，才能得到專門的人才，將來把所習的完全應用在社會實際需要的事業裏邊去，這才算是解決社會問題哩。」〔註3〕將知識技術轉化為生產力，提高社會整體勞動力素質和生產力水平。

民眾不僅文化素質和技術水平得到提高，思想道德觀念也有所好轉，對於女子纏足、男子辮髮等陋習逐漸自發牴觸，懶惰、無賴等人數減少，而對

〔註2〕《第一次中國教育年鑒（丙編）》，南京：開明書店 1934 年版，第 617 頁。
〔註3〕《閻伯川先生言論輯要（第 6 卷）》，山西大學圖書館藏 1936 年版，第 13 頁。

農業方面的種樹、養蠶、養羊等農業生產的積極性普遍提高。民眾素質的提高，使整個社會風氣都有所改善，從「表格5-1」可以看出從1921年到1925年男女犯罪人口數量下降趨勢明顯，特別是男性犯罪人數從40,687人下降至27,640人，犯罪人口比例從0.369%下降到0.244%。教育公共化增加了教育受眾，國民意識得到普遍提高，一定程度實現了「國民教育，屋之地下者也」的目的，促進了山西社會的穩定，為各項事業的發展創造了良好的社會環境。

表格5-1　1920年～1924年山西犯罪人口與總人口〔註4〕

年　別	犯罪人數			人　口	犯罪人口占比（%）
	男	女	共　計		
1921	40,687	2,369	43,056	11,654,285	0.369
1922	38,688	2,641	41,329	11,730,486	0.352
1923	22,918	1,570	24,488	11,799,109	0.208
1924	28,336	2,084	30,420	11,942,577	0.255
1925	27,640	1,682	29,322	11,993,698	0.244

　　優沃的人才培養和工業發展環境吸引了大量高等人才參與到工業技術和管理領域，引入了先進技術和現代管理模式。近代山西重視技術技能等實用性能力的培養，提高技術人員待遇和職權，吸引了大量專科畢業人才，成為工業發展骨幹。從「表格5-2　西北實業公司部分高端人才」可見當時西北實業公司在任用管理和技術人員時，聘請的各個技術方面專家，「用人有方」〔註5〕是其工業得以迅速發展的重要原因之一。留學生在工業各領域都發揮了積極作用，「愷字號」炸藥的發明者張愷即為留學日本帝國大學化工專業的歸國學生，日本秋天礦山專門學校採礦科畢業的薄紹宗任西北煤礦第一廠工程師，英國賽菲兒大學冶金科畢業的鄭永錫、張增任職西北煉鋼廠，還有留學於美國匹茲堡大學、美國密歇根大學、日本京都大學、日本東京大學以及其他留學日本、美國、法國、英國等學成歸來的工程師，甚至於西北印刷廠技術工人，也多由北京印刷局邀請而來。在商業中，為抵制日貨、保

〔註4〕 山西省政府統計處：《山西省第七次社會統計（民國十四年分）》，1929年版，第一編89～90頁、第二編37～38頁。
〔註5〕 段克明：《抗日戰爭前太原經濟概況》，載於中國人民政治協商會議山西省太原市委員會文史資料委員會編：《太原文史資料》（第7輯），太原市政協文史資料委員會1986年版，第1頁。

－123－

護國產而設立的太原土貨商場則聘用了日本留學生彭毅丞，他注重經營作風，每日召開職工大會，介紹如何熱情禮貌的對待顧客。這些人才的引入，不僅帶來了先進的技術，還促進了公司管理的現代化進程。

另外，留學生的歸來也填充了山西科技教育力量，如留英學生張增、趙錚和白象錦以及留日學生李尚仁等先後擔任省立甲種學校校長，開設了多項科技專業，培養人才 610 餘人。解榮輅、谷思慎、丁致中等人創辦了一批新式小學校、中學校等。這些高等素質人才也成為山西大學的主要力量，不僅參與管理工作，擔任校長、院長、系主任等職務，還成為採礦、冶金、機械、土木、化學等科目的學術骨幹，又反過來促進了人才的培養。

表格 5-2　西北實業公司部分高端人才〔註6〕

姓名（字）	職務或領域	畢業院校	專　　業
李蒙淑（陶庵）	軍火工業	山西大學工學院、英國維多利亞大學	機械專業
梁航標（汝舟、巨川）	首任經理	山西大學	經濟管理專家
彭士弘（毅丞）	後任經理	日本東京工業大學	應用化學技術專家、實業家
張書田（子紳）	協理	山西大學	機械科，兵工專家
王惠康（迪庵）	襄理	日本東京工業大學	化工專家
曹煥文（明甫）	襄理	日本東京工業大學	電氣化，軍工化學專家
閻錫珍（國光）	礦業處處長	日本秋田礦山學校	資源地質勘探和礦山採掘專家
郭鳳朝（仲陽）	副處長	山西大學	機械專家
鄭永錫（恩三）	廠長	山西大學、英國雪菲兒大學	冶金專家
董登山（峰仙）	副廠長	山西大學、留美（學校不詳）	冶金專家
梁海峭	廠長	日本東京工業大學	冶金專家
韓屏周（維禎）	廠長	留日（學校不詳）	
張愷	廠長	日本九州帝國大學	化學專業，「愷字炸藥」發明者

〔註6〕盧筠：《西北實業公司和山西近代工業》，載於山西省政協文史資料研究文員會：《山西文史資料全編（第6卷）》，1999年版，第222頁。

閻樹松（茂丞）	廠長	上海同濟大學、留德	機械專家
連子孝	廠長	日本東京工業大學	電氣化學專家
榮伯忱	副處長、廠長	日本橫濱高等工業學校	化學專業

二、科技水平提高

　　人力資源是技術進步的主體，對人力資源的合理利用和開發能夠推動技術和管理創新，促進科技水平的提高，增強競爭力並增加商品附加值。民國山西對民眾素質的重視，以及對生產研發和科技創新的投入，客觀上促進了山西科技水平的提高，特別是在生產領域技術和效率的提高。

　　政府對科學技術的重視培育了深厚的人才和科技土壤，官方和民間的學術機構相繼成立。在 1935 年中國文化建設協會山西分會上《自然科學救國之我見》中提出「自然科學救國論」，認為「居今日而說救國，惟有提倡此自然科學為當務之急」〔註 7〕。政府對農業改良的重視起於民國二年，設置蠶桑總局及各縣分局，並設有農事試驗場，後於民國三四年合併為農桑總局和各縣分局，又分為農桑、農牧、農林等局，應山西不同地區氣候土壤環境不同而因地制宜。1929 年又改為農務總局，擴大範圍，增設農產種子交換所。工業方面 1917 年成立的山西省工業試驗所，分別對化學工藝、窯業工藝、機械修繕等進行研究，成立化學工藝部、窯業部、機械修繕部和分析部。工業試驗所在山西工業初開之際，成為山西工業發展規劃和實施的智囊，通過研究，對當時對興辦何種工業、採取何種技術等問題給予了指導和建議，後隨著「厚生計劃」逐漸擴大規模，是山西實驗研究的先驅。之後 1922 年成立山西天文適用學會，1923 年成立山西兵工研究會，1925 年山西國民師範學生相繼創辦了數學研究會等多達十幾個研究團體，1934 年省理化實驗室成立。

　　西北實業公司將「促進科學，增進造產技能，以發展物力」〔註 8〕作為自強圖存的宗旨，設立了鋼鐵研究所、化學研究所、西北試驗所、理化研究所等工業研究機構，從事科學技術研究，推動了工業產品和技術的引進與創新。山西對科技的研究以實用為目的，將科學技術轉化為生產力為綱要，直

〔註 7〕《閻伯川先生言論輯要（第八冊）》，太原綏靖公署主任辦公處 1937 年版，第3 頁。
〔註 8〕《閻伯川言論集（第 5 輯）》，第 33 頁，轉引自劉建生等著：《山西近代經濟史1840～1949》，太原：山西經濟出版社 1995 年版，第 576 頁。

接推動了技術的進步。特別是西北實業公司下屬各廠技術先進，「僅電爐鋼一項，就可煉製 CO 高速度鋼、MO 高速度鋼、WGRV 鋼、NIGR 鋼、SIMNGR 等 48 個合金鋼種，在全國首屈一指」〔註 9〕，所產鋼材用於製造柴油機曲軸、球磨粉碎機等設備供給天津機器廠、廣州西都士敏土廠、唐山水泥廠、黃石華新水泥廠等國內各廠，所產紡織機等機械遠銷四川、甘肅等地，所產毛呢、毛線、毛毯等日用品打入京津滬及沿海地區市場。

在此促進下，各種先進的技術在山西相繼研發成功，1919 年山西督軍署醫學課報告化驗骡結石成功；1924 年「愷字號」炸藥技術曾在中國轟動一時，其炸藥合成技術和廢酸還原設備是國內首創，是一次近代工業技術革新，其所在的山西火藥廠設備技術先進、規模宏大，在全國享有盛名；1932 年開始研製火車頭，並仿製飛德樂汽車成功；1933 年發明逆吸式木炭代油爐汽車成功。西北洋灰廠生產的「獅頭牌」洋灰得到當時浙江大學、唐山大學、武漢大學和鐵道部購料委員會的高度評價，稱「現貴廠所送樣品，業經兩路化驗完竣，具報導會，其性質與本部所引用之破倫西門土（即波特蘭洋灰）規範，尚屬相合」〔註 10〕1935 年參加全國鐵路沿線出產貨品展覽會獲得 1082 號獎狀，被讚賞為「右出品（指獅頭牌洋灰）經本會審查評定，應給與超等獎狀。」〔註 11〕1936 年西北實業公司所屬製紙廠所創捲煙盤紙，專供晉華捲煙廠，是中國最早的國產捲煙盤紙，結束了中國盤紙完全靠進口的歷史。

科技事業作為準公共產品具有投入成本較高、風險較大、收益較慢的特點，同時也具有突出的外部收益性，是繼土地、資本和勞動之後的第四種生產要素，是經濟發展中取得階段性飛躍的決定性因素。根據羅斯托起飛模型理論，科學技術是推動經濟發展從量變到質變，從傳統社會階段經歷準備起飛階段到起飛階段的必要條件和根本推動力。民國山西公共經濟的發展對文化和科技產生的巨大溢出效應，反過來又會在整個經濟這一更大輻射範圍下產生作用，推動經濟向更高級階段發展。同時，對於研製新產品、新技術的投入，也會通過其轉化為生產力之後起到擴大就業、促進勞動力轉化的作用。

〔註 9〕 盧筠：《西北實業公司和山西近代工業》，載於山西省政協文史資料研究文員會：《山西文史資料全編（第 6 卷）》，1999 年版，第 211 頁。
〔註 10〕 張桂奇：《西北洋灰廠始末》，載於山西省政協文史資料研究文員會：《山西文史資料全編（第 6 卷）》，1999 年版，第 238 頁。
〔註 11〕 張桂奇：《西北洋灰廠始末》，載於山西省政協文史資料研究文員會：《山西文史資料全編（第 6 卷）》，1999 年版，第 238 頁。

第二節　市場的管理和控制加強

近代隨著中國向國際市場逐漸開放，以及國內市場不斷整合，國際市場和國內市場的變動對山西省這一內陸市場的影響越來越顯著，世界市場對中國市場的傾銷一直沒有間斷，特別是 30 年代世界經濟危機爆發以後，傾銷程度更加深入，成為我國民族資本發展的巨大阻力。另一方面，國內一直未能形成強有力的中央政府，推行統一的經濟政策，中央所下達的政策往往流於形式。各地軍閥割據，自成一派，混戰不斷，政治不穩，社會不安，阻礙了國內市場的整合和一體化道路，作為市場交換基礎的貨幣都難以得到統一。

民國初到 1927 年以前，山西省發展經濟，穩定社會秩序，具備了一定的近代經濟基礎，經濟開始走上起飛前的準備道路。1927 年以後受世界經濟危機和國內北伐戰爭、中原大戰影響。客觀上受到傾銷擠壓市場份額，國內市場競爭激烈，山西所產商品競爭力有限，出口商品銷售困難。「當是時外受實際經濟恐慌之威脅，內有土產滯銷之厄運，以至商業凋敝、農村破產。」〔註12〕主觀上軍用浩繁，戰爭耗費巨大，晉鈔經過一次通貨膨脹，經濟受損嚴重。在這種情況下，山西要發展經濟，首先要穩定省內政治社會局勢，為經濟建設創造良好條件。其次要抵擋外來傾銷的競爭壓力，幫助省內產品佔領市場份額，增強競爭力，並謀求向國內市場推廣。而要達到這樣的目的，在當時民族資本實力較弱的情況下，離開政府的強制執行力是難以完成的。當時山西省政府的經濟管理實行的是經濟統制措施，無論是「經濟平等」「經濟國防」「經濟政治化」還是「人力物力總動員」的主張，追根到底都是以經濟統制為目的。因此山西省政府以公有名義興辦工業、控制商業，逐漸開始有計劃加強政府作用，對山西經濟進行全面干預控制。

一、工業和金融的統制

山西省政府對經濟的干預最先體現在「六政三事」和「厚生計劃」中，以這兩個計劃建立了一些公有經濟體，為公營事業的全面壟斷奠定了基礎。20 世紀 30 年代，山西開始執行統制經濟政策，成立經濟統制處，執行《山西省政十年計劃案》，成立以公有資本控股的西北實業公司，對私有企業進行兼併重組，使公有資本成為山西經濟的主導。西北實業公司各產業在山西

〔註12〕《晉陽日報三十週年紀念特輯・三十年來之山西》，太原：晉陽日報社 1936 年版，第 58 頁。

經濟中均佔有較大比重，就 1935 年全省毛織業中 90.6%的資本額為西北毛織廠所佔，其年產值占到全省毛織業產值中的 85.2%，職工人數占行業總人數的 65.3%；火柴業同樣由西北火柴廠占全省 50%左右份額，資本、年產值和職工人數分別占全省火柴業的 52.1%、49.8%和 52.4%。西北實業公司成為占絕對主體地位的工業托拉斯，增強了山西工業的資本積累和產能集聚能力，推動了山西工業的快速發展，使山西工業得到「北方之冠」〔註 13〕之稱。

　　金融方面的管控所採取的首要措施是設立銀行，發行貨幣。從晉勝銀行到官錢局、銅元局，再到山西省銀行，從發行銅元到發行紙幣，都是為了將金融資本進行統一管理。山西省銀行建立之初，募集民間資本 200 餘萬元，起到積累社會資本的作用，並對私營銀號錢莊形成擠出效應，減少私人經營，控制山西金融，積聚金融資本，將金融業經營利益攬至麾下。正如當時所評論的：

> 各省銀行業，相繼而起，其各銀行之組織，與營業之方法，俱採用最新式之策略，以流通社會之金融。各地票莊相形見絀，其營業狀況，愈以不振，不得不相繼歇業，而山西祁、太、平、介等縣之繁榮，較之往昔，亦不免興滄桑之感焉。〔註 14〕

　　可見在銀行興起之後，山西傳統金融業中私人票號、錢莊等逐漸衰落，不斷被公共資本所控制的銀行金融取代。

　　1930 年以後更是增設多家省級銀號，將貨幣發行權分散至除省銀行外的晉綏鐵路銀號、綏西墾業銀號和鹽業銀號，並採取如下設置物價區間並建立實物準備庫的方式來重拾貨幣信用，預防貨幣貶值：

> 為預防省幣隨法幣落價而落價，故又規定實物售價，只准按本加千分之三十五，如某種貨物有漲落時，乃其物自身之行市，應賠即賠，應賺即賺，本與紙幣無關。若恐物價一律高漲，紙幣落價，則有準備庫只按成本加千分之三十五，出售貨物，可以防之。〔註 15〕

　　在地方各縣都設有縣銀號，各村設有信用合作社，建立了能掌握全省金融命脈的成套金融體系。1935 年成立實物準備庫之後，繼而成立山西省金融委

〔註 13〕陶宏偉：《民國時期統制經濟思想與實踐 1927～1945》，北京：經濟管理出版社 2008 年版，第 75 頁。
〔註 14〕《晉陽日報三十週年紀念特輯‧三十年來之山西》，晉陽日報社 1936 年版，第 135 頁。
〔註 15〕《晉陽日報三十週年紀念特輯‧三十年來之山西》，晉陽日報社 1936 年版，第 59 頁。

員會，附設在經濟統制處內。為限制商品輸入貨幣輸出，減少晉鈔輸出省外，規定要將晉鈔匯兌到省外需說明用途和款項，向山西省金融委員會提交申請，經該會審核是必需花費才可以通過，不是必需則不予批准，強制限制貨幣在省外流通。

　　四大銀號各自承擔一定的經濟任務，除山西省銀行承擔山西「中央銀行」的職能外，綏西墾業銀號側重於資助實業發展、辦理匯兌抵押、發行期票和兌換券、買賣生金銀等業務，晉綏鐵路銀號的經營範圍側重於經營鐵路金庫、辦理鐵路會計和出納款項、籌措鐵路款項（發行公債、期票）等業務，晉北鹽業銀號專門代理鹽區和公鹽收解等款項。1936 年山西省銀行資本 2,000 多萬元，與中國交通銀行資本規模相當。四大銀號共計資本 3,300 萬元，當時中央政府所管中央、中國、交通和農民四大銀行總資本額為 17,000 萬元，山西省金融資本相當於中央金融資本近 1／5。〔註 16〕作為地方政府控制金融資本達到如此規模可見其金融統制力度。

二、市場的管理和控制

　　貿易方面，山西市場上洋貨傾銷範圍較廣，據 1932 年統計，太原市場上日貨牌號有 664 種之多，國貨僅 91 種。外貨傾銷對省內工業農業生產都造成嚴重打擊，大同煤礦受日本煤炭擠壓銷路不暢；英美捲煙充斥山西市場，每年獲利達 1000 萬元之多；外棉傾銷也使省內棉花價格大幅下跌，棉農虧損只好改種其他。為扭轉這種局面，山西省在《晉綏實施經濟統制初步設計方案》〔註 17〕中對貿易統制制定了五項原則：

　　　　一、斟酌供給需要關係，對於輸出入貨物加以獎勵或限制。二、在重要城市，公營大規模之國貨商店，並於各村鎮組織國貨消費合作社，使其互相聯絡，布成營業網以期發生最大效能，漸次達到商公辦之目的。三、規定本省重要物產價格，以免奸商乘機抬高物價，阻礙省貨之推銷，於必要時並由公營商店收集貨物，以調劑供需，平定物價。四、關於奢侈品或本省特種產物，實行政府專賣事項。五、在省外設立貿易機關並規定獎勵輸出業辦法，以策對外貿易之發展。

　　由此可見，山西省進行貿易統制的手段主要有：

〔註 16〕景占魁：《論抗戰爆發前五年山西經濟發展的原因與影響》，《學術論叢》1997年第 4 期。

〔註 17〕鮑樂蒂：《山西省地方統制經濟論》，《復興月刊》1935 年第 4 期。

一、設置貿易壁壘，對輸出商品進行財政補貼，以此增加輸出產品利潤，提高其競爭力。而對輸入商品加以限制，採用行政許可和徵收流通稅等方式對輸入商品形成貿易壁壘，減少輸入、抬高輸入價格以降低其在省內市場競爭力。對進口商品除徵收統稅外，還加徵 2.5%的落地稅。如煙草行業按照稅章規定銷售紙煙者需定期換領牌照，無照不得賣煙。山西省政府將紙煙牌照稅發行權交予晉華捲煙廠，將規定改為僅銷售外省煙需要牌照，並將換領時間從 3 個月改為 10 日一換，後改為 5 日一換，不換牌照不得銷售，違者重罰，並故意對納稅領照者作留難，使原本賣進口煙的商販疲於領照而改賣國產煙，外煙銷售額日益減少，英美煙原本在山西占絕對優勢的局面被打破。

二、設立貿易機構，參與市場業務，如斌記商行、西北貿易商行、棉花批發所、天鎮特產經營場、土貨市場和實物準備庫等，都是公營性質的貿易公司。在地方上也設立公營商店合作社等，經營省內產品。由河東聯運營業所負責運輸棉花、鹽等重要大宗物資；由晉通花店經營山西棉花（壟斷 90%棉花出口量）；由斌記商行對接德日美等 18 家外國洋行，壟斷山西對外貿易。實物準備庫在省內 20 多個縣鎮設立了分庫或支庫，在省外設立十幾處「物產商行」，分布於北京、天津、上海、武漢、甘肅、四川等地。「土貨市場」是山西省政府利用「九·一八」後國人的愛國情緒所成立，經營山西和綏遠產出的本地貨物，如晉華捲煙廠的香煙、西北毛線廠的呢絨、潞澤的綢緞等吃、穿、用應有盡有。

三、直接規定商品價格，削弱市場作用。如糧食、棉花等重要物產實行政府定價，並由實物準備庫趁市面困頓，周轉不靈的時候，大量收購糧食、棉花等經濟作物，一方面作為貨幣的實物儲備，保障貨幣市值；另一方面將收購來的農作物進行大宗經銷，以擴寬銷路。重要農產品的改良和增產按計劃強制施行，政府定期調查登記糧食的產量、儲量，並有專門糧食管理機關管理糧食的分配、保存和輸出入。以政府力量直接干預市場價格和買賣行為，有利於抵擋外貨傾銷和社會動盪對市場產生的不利影響，更有利於政府控制市場，按照政府計劃對市場產品進行定價、定量、定向分配，以配合經濟建設計劃的需要，一定程度上是轉移農業利潤以補貼工業生產的手段，不僅能穩定市場，還能調控市場發展方向，推動產業轉移。從「表格 5-3　民國時期物價變動」中可見，民國初年到民國十一二年，糧食價格處於上升趨勢，民國二十五年則出現價格下降的局面，一定程度上是統制經濟政策施行後政府

為降低工業成本壓低糧食價格的結果。

表格 5-3　民國時期物價變動〔註18〕

商品或服務	民　初	民國六七年	民國十一二年	民國二十五年
麥子（斗）	700～800 文	1,200 文	2 元	1.3～1.4 元
高粱（斗）	300～400 文	400 文	1.4～1.5 元	7 角
白麵（斤）	20～30 文	50 文	——	7 分
棉花（斤）	——	500～600 文	——	4 角
土布（匹）	——	1,000 文	——	——

　　四、政府壟斷奢侈品和特種產品的銷售。奢侈品是高於生活所需、超出必要開支的商品，往往具有需求價格彈性較大的屬性。山西省政府壟斷奢侈品的銷售，不僅能夠將其中高額利潤收入囊中，還能夠起到限制奢侈品輸入、減少財富流出的作用。在資本積累階段山西政府試圖採取這樣的方式減少民間資本的消耗，使富者儘量購買省內出產商品，以促進省內經濟。同蒲鐵路在貨運價格方面對奢侈品施行價格歧視，加收 50%左右的運費，其中包括紙煙、煙葉、煤油、火柴、酒、擦頭油、化妝品、外國肥皂、化妝用肥皂、陶器瓷器製品、洋蠟燭、香水、棉花、罐頭等等。而對晉華捲煙廠所運捲煙，不僅不加收運費，還給予減免 60%的運價優惠。〔註19〕

　　除此以外，利用抵制洋貨的民族情緒，宣揚服用土貨。民國時期的山西國貨商店最早由學生集資開辦，在 1919 年太原中山公園開設國貨商店，1923 年又由私人集資在開化市場辦「我是國布莊」。後為了更好的展示國貨，將省內商品 1,300 餘種和上百種國貨陳列於中山公園北郊的國貨陳列館中，進行展示，群眾抵制外貨的運動此起彼伏。晉華紡織股份有限公司生產的 9 種紗、10 餘種布、4 種線及各色毛毯絨毯等，也利用愛國情緒進行廣告宣傳，曾刊登廣告：

　　　　提倡本省土貨，實行造產救國，從出品力求精良，價目格外克

　　己；並代客漂染各種布匹，色澤鮮豔，取費特廉，如蒙光臨，竭誠

　　歡迎。〔註20〕

〔註18〕《晉陽日報三十週年紀念特輯·三十年來之山西》，晉陽日報社 1936 年版，
　　　　　第 59 頁。
〔註19〕全國經濟委員會：《山西考察報告書》，1936 年版，第 198 頁。
〔註20〕山西民社編：《太原指南》，北京：北平民社 1935 年版，廣告頁。

1934 年順應民族情緒建成土貨商場，選址位於太原按司街北面，有四層大樓，氣勢宏偉。由該商場依照該廠資本額髮行「土貨券」，憑券收購和售出貨物，以保證有多少物，出多少券，即便土貨券流入市場，也能實現市場貨幣和商品的均衡，不會發生土貨券貶值、搶兌商品的現象。但事實上一方面土貨券最初僅在商場內流通，並未在之外的市場流通，但日久其信用較高使得土貨券逐漸流通於普通市場，並為部分人積壓存儲。另一方面自營商品的生產技術不如進口商品，生產率有限，土貨往往出現價格較高但質量又難以媲美進口的情況，土貨購買量有限，也導致土貨券產生一部分沉澱，市場上流通的土貨券和商品量發生失衡，土貨商場也逐漸能接收通用貨幣。為了鼓勵並要求山西人民使用自產商品，政府要求機關工作人員一律服用土貨，並出版小冊子，利用雜誌報紙廣為宣傳，以帶動群眾抵制日貨，購買本地土貨。還頒布「山西省公務人員服用國貨通則」〔註21〕，規定本省軍政各級公務人員及各機關政府除已有非國貨物品經登記後可以服用外，均不允許再購買非國貨物品，且購買國貨應遵循就近原則，即優先採用當地村縣所產，村縣不及者優先採用本省所產。如果本省不能滿足必須向外購買則需要呈請省長批示辦理，成立服用國貨聯合委員會對各級政府和人員進行稽查，根據造產救國社編印的《國貨指南》為參照。

第三節　產業結構變遷

山西從明清以來就以商業著稱，到清末「商業驟衰，社會經濟情形，為之一變」〔註22〕，商業逐漸衰落。而傳統農業「以今年穀賤傷農，農村破產」〔註23〕，自給自足的自然經濟逐漸瓦解。地處中原內陸地區的山西，近代化晚於沿海地區，當時經濟情況「商業盈餘，既難以恢復，徒恃農業，恐無希望」〔註24〕。在此背景下，山西唯有發展工業方能振興經濟，因而山西省政府也將發展重心放在工業發展上，一方面通過財政收支的傾斜作用，給工業發展提供稅收優惠，並加大對工業的投入力度，以行政力量推動工業化進程。另一方面注重人才培養和勞動力教育，以促進勞動力由農業向工業的有效轉

〔註21〕山西民社編：《太原指南》，北京：北平民社 1935 年版，第 69 頁。
〔註22〕全國經濟委員會：《山西考察報告書》，1936 年版，第 3 頁。
〔註23〕全國經濟委員會：《山西考察報告書》，1936 年版，第 3 頁。
〔註24〕全國經濟委員會：《山西考察報告書》，1936 年版，第 3 頁。

移，推動經濟產業由第一產業向第二產業轉型。

一、資本的產業轉移

要發展工業首先要有充足的資金保證，山西省政府通過攫取農業收入，增加工業資本的形式，通過政府調控使資本流向第二產業。

犧牲農業以發展工業是很多國家和地區最初發展資本主義的形式，民國時期的山西也採取了這樣的措施。通過農產品採辦、控制農產品價格、增加農業稅等形式，攫取農業收入。山西省政府在糧食流通領域，實行一定程度的統購統銷，低價收購農民糧食，再將優質的米麵高價賣往省外，剩餘質劣的糧食則供給省內，以此賺取差價。「輸出除少數工業品外，附近之小米、麥子、高粱、豆類等農產品，多由此輸出河北。」〔註25〕通過政府強制手段干預經濟，降低農民在農業收入中的分成，賺取省外貿易的利潤，將部分農業收入收歸政府所有。稅收方面，山西農村的稅捐有田賦和田賦附加稅雙重壓力，山西歷年收取的田賦附加稅日益增多，田賦稅率實為增長趨勢，各種巧立名目下的田賦附加，成為政府攫取農業收入的重要手段，農業利潤大半被納入國庫。

山西省政府用行政手段對國民收入進行再分配，在攫取農業收入的同時，加大對工業的投入力度，增加工業投資。通過公私合營和發行省政府債券的方式，將省內地主、商人和軍閥的錢財彙集成資本，作為原始資本積累投入近代事業當中。另外還運用貨幣手段和財政手段雙管齊下，發行晉鈔，增加山西省銀行對工業貸款，由「表格 5-4　山西省銀行與其他銀行貸款方向（1935 年）」可見山西省銀行將貸款大部分發放給工業和商業，對農民和住戶完全不予貸款，另外山西省銀行還有大量貸款發放給公共團體以支持其發展，其他銀行雖有對農民貸款，但所佔份額較小，遠不如工商業貸款規模。

表格 5-4　山西省銀行與其他銀行貸款方向（1935 年）〔註26〕

款　　別	省銀行	其他銀行	合　　計
住戶	──	1000,000	1,000,000
工業	1,250,000	1029,259	2,279,259

〔註25〕周宋康：《分省地志・山西》，上海：中華書局 1939 年版，第四編第一四八頁。
〔註26〕實業部國際貿易局編印：《中國實業志（山西省）》，1937 年版，第八編一四一（辛）。表內合計數經核對有誤，不影響整體趨勢，保持原數未作修改。

商業	3,437,800	1,101,346	4,539,146
農民	——	74,887	74,887
公團	1,029,111	18,785	1,047,896
同業	262,000	116,000	378,000
總計	5,988,170	2,431,018	8,419,188

　　財政方面將從農業中攫取的收入不斷投入到近代工業當中，財政支出實業費一項從 1913 年的 35,720 元增長到 1920 年的 605,212 元，7 年間增長了近 20 倍（見圖 5-1　山西省歷年財政支出中實業費用變化圖）。1931 年分出實業費、事業費和建設費三項，三項之和從 1931 年的 1,353,487 元增長至 1937 年的 3,438,892 元，增長了近 3 倍。可見政府對近代工業的財政支持力度。正是因為強有力的財政支持，公營工業得到發展，西北實業公司建立並逐漸擴張。

圖 5-1　山西省歷年財政支出中實業費用變化圖〔註 27〕

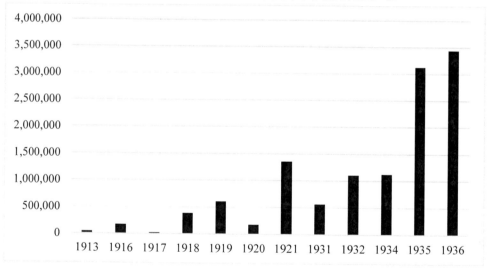

二、勞動力的產業轉移

　　對於近代中國而言，傳統農業逐漸衰落，農業剩餘勞動力增加，新興工業和服務業的收益明顯高於第一產業農業。山西農村經濟凋敝，再加上外貨傾銷打破了原有自給自足的農村經濟模式，偶有災害則農民紛紛破產，「年來農村

〔註 27〕數據同第二章中財政支出數據，1913 年～1921 年為實業費支出，1931 年～1937 年為實業費、事業費和建設費之和。

破產，故鄉間無法維持生活之農民，進城乞討者頗為不少。」〔註28〕農業凋零，農民破產且農村限於困局。自給自足的自然經濟逐漸解體，農業剩餘勞動力增多。

面對這一情況，儘管山西省政府也有支持農業建設的政策措施，「今欲使地無遺力，當先使人無遺力。如水利，如植樹，皆可趨壯丁而從事者；如養蠶，如採桑，則婦女幼稚者，皆可自食其力焉。」〔註29〕希望通過水利建設和經濟作物的種養，使農村勞動者維持生計。但當時試圖扶持農業和農村經濟來改善人民生活收效甚微，農業作為傳統社會的主要產業，在近代化過程中已經逐漸失去其優勢，生產效率遠無法與工業相比。農業的收益劣勢使財政支出在第一產業的投入僅能夠略微降低農業勞動力的流失速度，第一產業就業減少已是必然趨勢。因而政府面臨的真正問題並不是如何增加農業就業，而是如何轉移農業剩餘勞動力。其中最直接有效的方法便是財政投資基礎設施建設等第二產業，並利用乘數效應擴大就業規模。以此山西省財政支出多投入於工業和基礎設施建設，發展工商業，將農業剩餘勞動力轉變為工商業勞動力。

1923 年遷入太原的人口共 2,810 人，其中 1,426 人是由於生計艱難而被迫遷入省城。農村破產導致農民和土地分開，勞動力離開原先的生產資料成為自由勞動力，湧入勞動力市場，客觀上為工業發展提供的充足的勞動力要素。

儘管勞動力數量較多，但農業經濟下的勞動力文化素質低下，難以直接轉化為工業所用，馬寅初就將近代工人缺乏作為工業遲滯的重要原因之一。〔註30〕山西教育公共化特別是大眾教育的普及，降低了文盲率，提高了勞動力的普遍素質，促進了農業勞動力向工業勞動力的有效轉移。另外，山西工業化在政府主導推動下規模和速度都有較大發展，對工人需求量不斷增加，為吸收剩餘勞動力提供了空間。

〔註28〕山西民社編：《太原指南》，北京：北平民社 1935 年版，第 187 頁。

〔註29〕閻錫山：《六政宣言》，1917 年 10 月 1 日。

〔註30〕馬寅初：《中國工業進步遲滯之原因及其救濟方法》，孫大權，馬大成編注：《馬寅初全集補編》，上海：三聯書店 2007 年版，第 258～266 頁。

圖 5-2 1912～1926 年山西人口職業占比趨勢〔註31〕

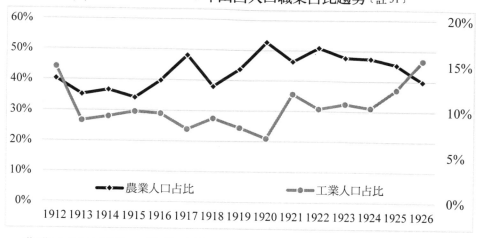

農業人口的流出，推動了勞動力從第一產業向第二產業轉移，「圖 5-2 1912～1926 年山西人口職業占比趨勢」是山西農業人口占比和工業人口占比變化趨勢圖，明顯可見二者相互替代的負相關關係，可見勞動力在農業和工業間的轉移。特別是 20 年代以後，工業人口占比呈上升趨勢，而農業人口占比呈下降趨勢。「山西省第九次人口統計」〔註32〕中有全省人口職業變動統計，從民國元年到民國 14 年農業人口從 4,058,660 人增長至 4,748,363 人，增幅約為 16.9%，而工礦業人口則從 647,849 人增長至 811,922 人，增幅約為 25.3%。儘管工礦業人口仍不為多數，不足全部職業人口的 20%，但從其增長速度來看，已經遠超過農業人口增長速度。

另一方面，勞動力的轉移也推動了人口向城市的集聚，山西省政府在工業方面的投入直接推動了就業的增加，勞動力人口向承載工業發展的城市集聚，如「表格 5-5 1918～1935 年太原人口數統計」中可見，1918 年到 1935 年僅 17 年的時間，太原的人口就從 50,686 人增長到 207,667 人，1919 年到 1923 年男女基本保持約 2：1 的比例增長，1924 年開始男女比例幾近 3：1，「大凡工商巨埠，便於企業尋工，故男性人口之集中極速。」〔註33〕。特別 30 年代以後「十年計劃」實施以後，人口增幅明顯增快。增長最快為從 1931 年到 1932 年間，太原人口增加了 23,663 人，增幅為 26.67%。「謀職業者，

〔註31〕 數據來源自山西省政府統計處編纂：《山西省第九次人口統計（民國十五年分）》，1935 年版，第 51～52 頁。
〔註32〕 山西省政府統計處編纂：《山西省第九次人口統計（民國十五年分）》，1935 年版。
〔註33〕 李文海主編：《民國時期社會調查叢編——城市‧勞工‧生活卷（下）》，福州：福建教育出版社 2005 年版，第 663 頁。

咸往來於省會」「省內人口咸向省會流動，故年有增加」〔註34〕。公營事業在工業建設上的發展推動人口城市化進程，城市人口的結構也隨之發生根本性變化，民國十五年太原省會人口職業統計〔註35〕，全部人口數為 85,051 人，其中農業人口僅 1,054 人，工業人口 6,496 人，礦業 125 人，工礦業共 6,621 人，是農業人口的六倍多。可以看出太原當時已經基本轉變為工商業城市，工商業人口是農業人口的近 6 倍。

表格 5-5 1918～1935 年太原人口數統計〔註36〕

省 會	戶 數	男	女	計
1918	——	34,933	15,753	50,686
1919	10,385	30,756	14,983	45,739
1920	11,492	34,379	16,497	50,876
1921	11,953	34,054	17,309	51,363
1922	12,882	38,979	18,878	57,857
1923	13,352	40,395	19,394	59,789
1924	13,688	62,790	21,178	83,968
1925	13,888	66,974	20,996	87,970
1926	15,073	69,598	22,453	92,051
1927	——	49,050	20,984	70,034
1928	——	74,830	26,463	101,293
1929	——	79,161	25,831	104,992
1930	——	83,890	27,776	111,666
1931	——	83,574	27,138	110,712
1932	——	113,145	33,082	146,227
1933	22,273	95,342	34,969	130,311
1934	24,454	100,560	38,898	139,458
1935	——	136,888	70,779	207,667

〔註34〕 實業部國際貿易局編：《中國實業志》，實業部國際貿易局 1937 年版，第三篇第一章五（丙）頁。
〔註35〕 《山西省第十次人口統計（民國十五年分）》，山西省政府統計處編纂 1935 年版。
〔註36〕 華北綜合調查研究所編印：《山西省歷年縣別戶口統計》，1944 年版。說明：此數據與山西省政府統計處編纂：《山西省第九次人口統計（民國十五年分）》以及李玉文編著《山西近現代人口統計與研究（1840～1948）》中相同年份數據均一致。

第四節　對民眾生活水平之影響

　　公共經濟對居民收入的影響一方面能夠通過調節宏觀經濟中的總供給和總需求來改變國民收入體量，推動國民收入增長；另一方面通過公共收支對財富進行二次分配，平衡收入，縮小貧富差距。民國時期山西公共經濟規模增大，對經濟的控制力度也隨之增強，對國民收入的影響作用和輻射範圍都有所擴大。

一、居民收入增加

　　公共經濟一方面直接參與生產經營，如礦產、鋼鐵、銀行等大規模產業，另一方面通過財政支出創造需求，增加社會總需求量，不僅推動公營產業壯大，還促進私營經濟發展，從而對人民生活水平有直接影響。民國初期物價較低，普通年份小麥也就七八百文一斗，若遇到豐年則穀賤銀貴，糧食價格更為低廉。因糧食價格較低，勞動力工資也相應較低，幫農一日約 40 文，泥水小工約 60 文，女工除飯食外則僅有日 15 文，學商的初學學徒年工資僅為三五弔，按年限逐漸增加。儘管物價和工資都相對較低，但普通人生活較為穩定安逸，能夠自足生活，維持在所謂低水平均衡。從 1917 年開始物價逐漸上漲，麥子漲至 1,200 文一斗，之後物價持續上漲到民國 1922 年左右時，糧價已漲至民國初年的三四倍之多，經濟活躍，農民收入有所提高，商業繁榮，貨物周轉較快，少有存貨。到 20 世紀 20 年代末受到到世界第二次經濟危機影響，外貨傾銷日益嚴重，又遇晉鈔貶值，物價低落，農民十分困難，穀賤傷農，城市經濟也受到重創，收入水平增速放緩。後西北實業公司整合山西工商業之後，提高經濟實力和競爭力，重振金融，並對外貨形成一定抵禦力量，經濟漸有好轉，居民收入也有所增長。

　　當時公營事業單位待遇較其他行業相對優越，從職工到工人都有分紅。山西官錢局保留三成紅利分給局內員工，晉勝銀行將紅利分為十一成，其中三成分給行內職工，並且在章程中明確指出「第七十二條　本行行員，平均每年半數人可以交替回家探親一個月……回家的旅費，按百里之內發給一元，二百里之內發給兩元，以此類推，逐漸增加。第七十三條　凡本行的行員結婚時，由本行送給本人五元，若遇父母喪事時，送給票資十元。」〔註37〕

〔註37〕山西省地方志編纂委員會編：《山西通志·金融志》，北京：中華書局，1991 年版，第 69～71 頁。

可見當時公營事業對提高職工生活水平所帶來的直接影響。

　　除此之外，政府對公共物品的提供，能夠減少居民對這些物品的花費，間接提高居民收入並起到二次分配減少收入差距的作用。以教育公共化為例，由於家庭教育投入所帶來的收益具有滯後性，因而其收益貼現之後對當期的消費偏好而言較小，家庭存在教育消費投入不足的傾向。教育公共化之後需要財政對教育進行投資，以補貼家庭教育消費不足，從而增加受教育兒童數量和受教育年限。財政教育投資一方面替代了家庭教育投資，對家庭教育消費具有替代效應；另一方面其對教育的投資相當於將這部分資金給予學齡兒童家庭，間接提高了家庭收入，對家庭消費具有收入效應。替代效應會導致家庭教育消費的減少，而收入效應則相反使家庭教育消費增加。

　　通過觀察 1921 年山西省政府 104 個縣的財政教育投入對各縣家庭教育消費的影響關係，考察財政教育投入對家庭消費的影響。（民國山西共 105 個縣，其中絳縣數據缺失剔除）為了剔除人口因素對財政的影響，因此將各縣財政除以縣人數以取人均值。而為了消除財政和消費絕對值對結果的影響，因此取教育費占總消費的比例以及財政教育支出占財政支出的比例。對各縣人均財政教育投入占比和人均教育消費占比做散點趨勢圖（圖 5-3），觀察到人均教育消費占比多在 15%以下，而人均財政教育投入占比則從 20%高至 60%以上，可見教育公共化程度顯著。另外，明顯可見擬合趨勢線向右上方傾斜，即人均教育消費占比隨人均財政教育投入的增加而增加。

圖 5-3　各縣人均財政教育投入下的人均教育消費散點趨勢圖

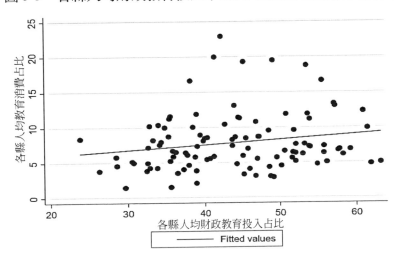

注：本文採用的軟件為 stata15。

　　進一步考察，為了剔除經濟發展水平對變量的影響，在無法找到縣國民收入水平的情況下，用衡量家庭收入水平的恩格爾系數作為排除因素。另外考慮當期財政對第二期家庭消費或許也會產生滯後性影響，故考察 1921 年財政對 1921、1922 年的兩期消費影響。根據以下公式用最小二乘法做回歸分析：

公式 5-1

$$C_{tpi} = \alpha_{tp} + \beta_{tp}G_i + \gamma_{tp}E_{tpi}$$
$$+ \varepsilon(t = I，II；p = 1，2，\dots，5；i = 1，2，\dots，104)$$

　　其中，G 為 1921 年山西省在各縣人均財政教育支出占比，C 為各縣人均教育消費占比，E 為各縣恩格爾系數，α 為常數項，ε 為殘差項，β、γ 分別為解釋變量 G、E 的系數。i 為第 i 各縣，觀察值共 104 個縣；t 為觀察期，t＝I 為 1921 年，t＝II 為 1922 年；p 為職業分類，P＝1 為士，p＝2 為農，p＝3 為工，p＝4 為商，p＝5 為所有職業平均。所得結果如下表：

表格 5-6　公式 5-1 最小二乘法分析結果

C（t＝I）				
	P＝1	P＝2	P＝3	P＝4	P＝5
G	0.0649	0.0977*	0.0749*	0.104*	0.0851*
	-1.15	-2.42	-2.38	-2.61	-2.43
E	-0.245***	-0.222***	-0.135***	-0.188***	-0.176***
	（-4.33）	（-4.86）	（-4.31）	（-3.83）	（-4.99）
_cons	16.80***	12.58***	8.629***	9.172***	10.98***
	-4.98	-5.11	-4.94	-3.89	-5.94
N	104	104	104	104	104
C（t＝II）				
	P＝1	P＝2	P＝3	P＝4	P＝5
G	0.0699	0.0698	0.0331	0.0356	0.0562
	-1.21	-1.37	-0.77	-0.67	-1.19
E	-0.280***	-0.193***	-0.157**	-0.213***	-0.211***
	（-3.86）	（-3.73）	（-2.74）	（-3.72）	（-3.55）
_cons	18.24***	12.68***	12.42***	13.67***	14.43***
	-4.26	-3.84	-3.46	-3.88	-4.02
N	104	104	104	104	104

t statistics in parentheses，$^*p \langle 0.05$，$^{**}p \langle 0.01$，$^{***}p \langle 0.001$

數據來源：

1. 1921 年各縣財政支出及教育財政支出來自山西省長公署統計處：《山西省第三次財政統計》民國十年分，1926 年版，第五編第 41～44 頁。

2. 1921 年各縣生活費、食品費及教育費分別來自來自山西省長公署統計處：《山西省第三次經濟統計正集》民國十年分，1923 年版，第四編第 11～14 頁、第 17～20 頁、第 33～36 頁。

3. 1922 年各縣生活費、食品費及教育費分別來自山西省長公署統計處：《山西省第四次經濟統計正集》民國十一年分，1924 年版，第四編第 9～12 頁、第 17～20 頁、第 33～36 頁。

4. 各縣人口來自山西省長公署統計處：《山西省第四次人口統計》民國十年分，1923 年版，第一編第 1～4 頁。

　　根據回歸分析結果可見，恩格爾系數對教育消費占比的影響皆在 0.1% 置信水平下顯著，並且其系數為負，表明恩格爾系數與家庭教育消費呈反比。而政府教育投入僅在第一期 5%的顯著性水平上成立，且系數為正，在第二期則不顯著。由此可見，對家庭教育消費起決定性作用的仍然是其生活水平，生活水平越高，教育消費占比越高。教育消費屬於發展型消費，符合消費結構變化的規律。而政府對教育的投入只在當期對家庭教育消費產生影響，而在滯後期影響不明顯。政府教育投入系數為正，則表明增加政府教育投入，家庭教育投入也會隨之增加；反之亦然。即政府教育投入對家庭消費的收入效應大於替代效應，其增加家庭收入的效應更為明顯，從而間接提高了人民生活水平。

　　再從不同職業來看，第一期政府教育投入對除「士」以外的職業都顯著，而對「士」則影響不大，可見收入水平較高的「士」這一職業人群，其本身對教育就比較重視，且其有足夠的財力花費在教育上，不論財政投入與否，都不會對其教育的高投入有所影響。而「農」、「工」、「商」三類職業則不同，他們要麼教育意識不夠強，要麼教育經費不夠多，本身對教育的花費較為缺失，因此財政教育投入對其影響較大。

　　從收入水平來說（見「圖 5-4　1921 年山西省各職業人均恩格爾系數」），士這一階層收入水平最高，其上、中、下三類人群恩格爾系數均在 40%以下，商人緊居其後，工人和農民生活水平較低。鑒於農民食物多為自給自足，購買消費較少，故其恩格爾系數可能存在低估，農民真實的生活水平可能低於恩格爾系數顯示水平。另外，近代化在自然經濟解體的鑄新淘舊之際，早期工人多由破產農民轉變而成，迫於生存壓力成為與土地和生產工具相剝離的自由勞動力，其生活水平也較低。農、工家庭屬於低收入群體，財力不足以

支持其投資於教育，因而對財政教育投入收益較為明顯。另外儘管商人收入水平能夠支持教育消費，然而其多重商輕文，存在「民智不開，習於營商，而篤於守舊」的傳統，對家庭教育投入也有所不足，對財政教育投入的反應最大。

圖 5-4　1921 年山西省各職業人均恩格爾系數〔註38〕

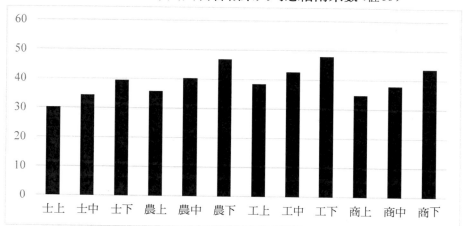

從上述山西各職業家庭對財政教育投入的反應程度而言，收入水平較低的人群對政府教育財政投入的收益較大，收入水平較高的人群受政府財政教育投入的影響較小；另外，文化水平較低的人群對財政教育投入的收益較大，而文化水平較高的人群受財政教育投入的影響較小。民國山西財政教育投入對家庭的影響發生在當期的收入效應方面較多，間接提高了人民收入水平。而家庭所受到財政教育投入的社會福利與家庭收入水平呈反比，與家庭文化教育水平呈反比。簡單而言，即越窮困越沒有文化的家庭，在財政教育投入中的受益越大。山西省政府財政支出中的教育投入對個人和社會都產生了溢出效應，客觀上增加了當期家庭收入，提高了民眾接受教育的熱情，使得家庭教育投入增加，尤其使低收入、低素質人群受益較大，一定程度上削減了教育的不平等性，推動了教育公平化和普及化進程。

二、收入差距擴大

公共收支可以將社會財富進行二次分配，間接平衡家庭收入，推動社會資源在成員間的平等，公共經濟在國民分配上具有平衡財富和收入的作用。

〔註38〕數據來自山西省長公署統計處：《山西省第三次經濟統計正集（民國十年分）》1923 年版，第四編生活費第 1～52 頁。

一方面通過收入中的累進稅率等稅收差異，調控收入分配；另一方面利用公共物品和服務的提供使民眾得到普惠利益，實現貧富均霑，從而減少分配不均的現象。

表格5-7　1923年～1927年太原市人民生活總消費（元）〔註39〕

階　　層		1923	1924	1926	1927
士	上	848.25	869.19	896	902.75
	中	360.25	343.18	376.75	396.25
	下	157	188.99	199.33	197.4
	均	455.17	467.12	490.7	498.8
農	上	184	204	223	227.75
	中	118.25	142.28	165.5	157.5
	下	56	96.65	86.23	101.13
	均	119.42	147.64	158.24	162.13
工	上	244.75	253.91	277.25	282.75
	中	147.75	175.16	171.5	187
	下	75.95	113.1	94.78	108.52
	均	156.15	180.72	181.18	192.76
商	上	357.5	334.56	387.25	396.75
	中	203	219.73	221	235.5
	下	83.5	135.31	120.65	125.7
	均	214.67	229.87	242.97	252.65

說明：1924年士上的生活費在資料中為569.19，筆者按照均值計算更正為869.19；
　　　1924年士的生活費平均值在資料中為367.12，筆者更正為467.12。

以省會太原為例分析居民收入差距問題，對太原城市在職人員生活總消費進行考察（見「表格5-7　1923年～1927年太原市人民生活總消費（元）」），可見1923到1927年太原各階層在職人員生活費從最高的士上與最低的農下差

〔註39〕各年總消費項分別來源自山西省長公署統計處編纂：《山西省第五次經濟統計正集（民國十二年分）》，民國14年刊行；晉綏總司令部統計處編纂：《山西省第六次經濟統計正集（民國十三年分）》，民國17年刊行；山西省政府統計處編纂：《山西省第八次經濟統計正集（民國十五分）》，民國19年刊行；山西省政府統計處編纂：《山西省第九次經濟統計正集（民國十六年分）》，民國19年刊行。

距在 800 元左右，生活差距之大可見一斑。四種職業中士的生活費最高，平均達到 450 元以上，與居於其次平均生活費在 200 元以上的商人差距也有 200 多元，工人和農民較為相近，生活費都在 200 元以內。除此以外，各職業內部也存在生活費差距，特別是士的上中下三個階層生活費差距也較大，說明民國時期太原在職人員的生活費不僅存在行業間的差異，在行業內部也存在明顯差異。

為了更加準確直觀的考察當時人民生活差距，使用基尼系數的計算方法計算生活費差異指數。由於史料闕如，我們沒有找到當時太原不同階層收入的詳細資料，因此將基尼系數中的收入指標用消費指標替代，計算結果即為生活費差異系數（Difference Coefficient of Alimony）。生活費差異系數可以大體反映居民生活費的差異情況，進而在一定程度上反映居民生活水平差距，從側面影射收入分配差距。根據生活費由少到多將各階層人口和生活費進行分組排序，其中總消費數據來自上表中各年生活費，人口數據來自山西省第六次、第七次、第九次人口統計〔註40〕。根據（公式 5-2）計算 1923、1924、1926 年生活費差異系數並繪製洛侖茲曲線，如（圖 5-5）。

圖 5-5　民國太原市在職人員生活費的洛倫茲曲線

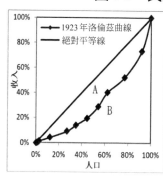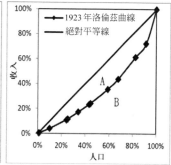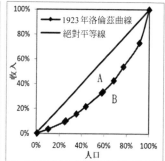

公式 5-2

$$DCA = 1 - \left(\sum_{i=1}^{n} (Y_i + Y_{i+1}) * \frac{X_i}{2} \right) / \left(\frac{1}{2} \right)$$

公式 1 中 DCA 為生活費差異系數，Y_i 為第 1 組到第 i 組人口累計消費占

〔註40〕山西省長公署統計處編纂：《山西省第六次人口統計（民國十二年分）》，民國14 年刊行；晉綏總司令部統計處編纂：《山西省第七次人口統計（民國十三年分）》，民國 16 年刊行；山西省政府統計處編纂：《山西省第九次人口統計》（民國十五年分），1935 年版。

全部人口總消費的比重（ i 等於 1 時 Yi 等於 0），即圖中第 i 個計算點的縱座標，Xi 是第 i 組的人口數占總人口數的比重。

　　「圖 5-5　民國太原市在職人員生活費的洛倫茲曲線」中可以看出，生活費的洛倫茲曲線與絕對平等線間的面積 A 和絕對平等線以下的面積（A＋B）之比 SA／（SA+SB）即為生活費差異系數 DCA，DCA 是 0～1 之間的系數，洛倫茲曲線弧度越大則生活費差異系數 DCA 越接近於 1，生活費差距越大，生活水平越不平等。根據公式 1 計算得出 1923、1924、1926 年在職人員生活費差異系數 DCA 分別為 0.36、0.325 和 0.351，根據基尼系數的指標，通常把 0.4 作為收入分配差距「警戒線」〔註41〕，則民國時期太原市民的生活費差異已經接近警戒線。

　　收入水平是消費水平的直接影響因素，根據邊際消費傾向遞減規律，消費差異系數為 0.36 所對應的收入差距應該在 0.36 之上，即民國太原的在職人員收入的基尼系數已經接近或超過「警戒線」。再加實際情況中必然存在一定數量的無業人員，他們或為學生，其生活水平取決於其家庭收入；或暫時性失業，其生活水平取決於以往的積蓄；或為鰥寡孤獨者，其生活水平倚靠政府及鄰里朋友的救濟。如果將這些無業人員的生活費考慮在內，則生活費差異系數還會更大。

　　1929 年的《山西日報》就有文章，評論了當時失業挨饑受餓的貧民、乞丐、流氓和足凍手冷洋車夫、泥水匠、清道夫等，可以說觸目皆是，稱其為太原市的美中不足。〔註42〕另外，關於太原電影界的描述中也有「戲院除一些商賈、市民及機關職員、太太們光顧外，很少有學生涉足」，〔註43〕可見當時電影等一些享受型消費是學生等無業人員無法企及的，他們與商賈、機關職員的生活水平存在很大的差距。

　　僅考慮太原城市居民收入便存在如此大的差距，若將山西城鄉全部考慮在內，則差距更大，廣大農村農民在 1930 年代甚是蕭條。民國學者對山西農村凋敝的原因概括為：「一公私攤派、負擔不均；二商業失敗、遊間者眾；三外貿傾銷、土產漸衰；四習於奢侈、不重蓄積；五縣村借貸不通，村富高

〔註41〕胡祖光：《基尼系數理論最佳值及其簡易計算公式研究》，《經濟研究》2004 年第 9 期。

〔註42〕賈立進主編：《民國太原》，太原：山西人民出版社 2011 年版，第 446 頁。

〔註43〕張衡夫：《30 年代西北影業公司及電影界概況》，山西省政協文史資料研究文員會：《山西文史資料全編（第 8 卷）》（第 95 輯），1999 年版，第 1105 頁。

利剝削。有此數因，故農村凋敝，在所難免。」〔註44〕收入差距的擴大也影響到公共產品的平等化享受，如在山西建設卓有成效的義務教育也出現不平等問題。1920 年義務教育學齡兒童入學率為 57.37%，1926 年達到 82%，1929 年下降為 75.78%，1933 年又下降到 65.98%，之後繼續呈現出退步的形勢。究其原因，一方面政府軍事和實業消耗較大，使得其他事業的投入有所減弱。另一方面收入差距擴大導致貧者更貧，主要是農民在外貨衝擊下自給自足經濟崩潰，農村凋敝，自身投入教育的力量減弱，導致教育普及事業受挫。

對於民國山西貧富差距問題，有學者認為巨大的貧富差距導致兩極分化極為明顯，少數官僚壟斷資本家統治階層日益富有，而廣大勞動人民處於貧困狀態。〔註45〕由此可見當時公共經濟對平衡收入分配所起到的作用十分有限，在近代化起步的階段，政府以發展經濟為主要目標，重視效率，而對公平和平等則較為忽視。優先發展重工業的經濟發展計劃，對資本導向進行嚴格控制，財政再分配偏向於工業和對工業有促進作用的行業，使資本快速並大量的從多數人手中流向少數人和少數行業中，閒散資金集中為大規模資本，造成收入差距非但沒有縮小，反而有擴大之勢。資本的有限性和近代化建設對資本大量需求的矛盾，使產業發展和個人收入具有較強的偏向性，使近代化初期的經濟發展呈現出一種非均衡發展的狀態，行業和資本壟斷日盛。這種貧富差距的擴大，不僅其本身極易引起社會動盪，更由於在基礎性消費中存在的差距，促生了為提高自身生活水平的貪污腐敗等不正當斂財手段，為社會穩定埋下了隱患。

〔註44〕 山西省地方志編纂委員會編：《山西通志・金融志》，北京：中華書局 1991 年版，第 59 頁。
〔註45〕 許一友，王振華著：《太原經濟百年史（1892～1992）》，太原：山西人民出版社 1994 年版，第 25 頁。

結　論

通過對民國山西省公共經濟發展政策、公共收支、公共經濟和公共設施服務的研究分析，可以看出山西公共經濟從起步到發展，建立了較為完善的結構規模。在這一發展過程中，山西省政府起到了較大的推動作用，山西經濟公共化程度呈現出不斷加深的趨勢，並帶有明顯的政治統制特點。但在這一過程中，使權力和資本大量集中，財富不平等現象日益嚴重，普通人民從公共經濟中的受益十分有限，社會矛盾不斷加深。

一、公共經濟發展趨勢

民國山西省政府為提高地方收入，增強山西經濟實力，試圖通過政府作用引導經濟建設，加快經濟近代化步伐。在政府干預初見成效之後，採取了干預力度不斷加強、干預範圍不斷擴大的調控措施，使山西經濟公共化程度不斷加深，逐漸形成統制經濟政策，對經濟的生產、銷售、組織、管理各個方面都進行計劃和控制。

民國初期，面對商人返晉、經濟蕭條、外貨傾銷的局面，山西省政府推行「六政三事」，試圖通過推動農業發展，增加農業收入的方式來振興經濟，對水利、桑蠶業、棉業、林業、畜牧業等都制定了較為科學、詳細的發展計劃，並組織專門人員推動計劃的實施，對實施成果進行評比。政府給予農業發展人力、物力、財力和技術方面的支持，直接推動了山西農業近代化發展，特別是引進新的農業生產技術和新的經濟作物與牲畜品種，促進了農業生產力的提高，農業產量和質量都有較大改善。

在農業計劃取得一定成果的基礎上，山西省政府意識到農業作為傳統行

業生產力提高潛力有限，遠不如工業生產利潤率高，因而將發展重點轉移到第二產業上來，制定針對工業建設的「厚生計劃」，將重點放在煉油、煉鋼、機器和電氣這些基礎重工業上，試圖通過基礎行業的建設，逐漸實現省內自產自銷、自給自足的工業局面，以抵制外貨傾銷，減少財富流失，提高山西省經濟實力。

政府對經濟的管理和計劃需要投入一定成本，政府制定和維護交易準則、規範交易者行為需要市場管理費用，中央政府和地方政府之間以及政府各部門之間的協商需要信息交流費用，政府收集消費者和生產者信息等需要調研費用，政府與其支持者和納稅人之間關係的維護需要宣傳公關費用。而政府行為的目的並不是利潤最大化，而是權利最大化，即政府可支配資源最大化，因此不論政府管理市場所產生的交易費用是否能產生相當的社會收益，政府都將對市場進行管理。政府如果想要降低管理市場的交易費用，可以考慮直接參與經營的方式，即當政府管理經濟的費用高於其直接經營的費用時，或政府直接參與經營更有利於權利最大化時，就有可能選擇通過公營的方式來經營生產。顯而易見在民國內外紛爭不斷、中央與地方矛盾重重的情況下，地方政府直接參與經濟不僅能夠在較為混亂的市場條件下降低交易費用，更重要的是有利於地方政府鞏固其在地方的控制權和勢力範圍，加強地方政府的統治地位。因此山西省政府也採取了政府直接經營的方式調控經濟建設，在「厚生計劃」中出現一些公營或公私合營的企業，特別是在控制經濟命脈的基礎行業。這一時期湧現出山西省政府創辦的鋼鐵、機械、煤炭等企業，實現了山西重工業從無到有的突破，各項計劃的執行與實施大多是以公營事業的形式作為帶頭，也深化了政府在經濟中的力量滲透。

儘管山西省政府通過興辦公營事業的方式控制經濟發展，並取得一定成果，但公營企業同樣要參與市場活動來經營並獲得利潤，這使得公營企業同樣要支付市場交易費用、承擔市場風險。公營企業作為交易主體為達成交易需要經過搜尋、談判、簽訂契約並維護契約執行的過程，而這一過程產生的費用即為交易費用。1920年代末山西發生的通貨膨脹和經濟危機使得這一交易費用大大增加，而公營企業因規模較大而承擔了更多損失，造成公共收入的損耗和社會福利的減少，公共資本參與市場交易所產生的問題隨之顯現出來。山西省政府逐漸意識到市場存在風險，以公共資本參與市場交易並不能對經濟實現絕對控制，並利用企業與市場存在資源配置的相互替代作用（當

市場交易費用較高時，交易選擇企業來取代市場，通過兼併擴大企業規模，將市場上的企業進行兼併重組，將市場交易成本內生化為企業內部交易費用，以達到節約交易費用、增強市場控制力、提高抗風險能力的目的），在「省政十年建設計劃案」中特別提出了發展公營事業，即通過政府直接經營的方式調控經濟建設，壟斷經濟資源。在此計劃指導下創辦西北實業公司，將原先公營企業合併於西北實業公司之內，對一些私營企業進行兼併重組，並在西北實業公司旗下新建了眾多子公司，涵蓋農業、礦業、交通、冶金、銀行、商業等各個行業，基本將市場上所有行業囊括在內，用西北實業公司內部各企業庫存調配取代原先的市場交易行為，以實現降低交易費用的目的。

另外，為了加強統制，採取了一系列措施加強政府對經濟的集權和控制，成立太原經濟建設委員會，下設經濟統制處作為執行機構，主要進行經濟調查統計、研究、宣傳，並制定和實施經濟計劃。實際上就是實現經濟集權化，整合山西經濟，以增強山西產業在國內競爭乃至國際競爭中的實力，以擴大省外貿易，擴大出口，抵制外貨傾銷帶來的貿易逆差，實現「應以政治之調節，使經濟為平均發展」〔註1〕的目的。更重要的是提高政府配置資源的能力，提高政府對經濟的絕對控制，以增強政府對社會的統制能力，實現權力最大化。

由此可見，山西省政府對山西經濟呈現出越來越強的控制力度，山西公共化程度不斷加深，「蓋政治為經濟之原動力，經濟實政治之結成果，是政治建設，正所以促經濟建設之成功也。」〔註2〕經濟的統制是為了鞏固和加強政治權力，而政治權力的加強又進一步提高經濟統制能力。在民國社會動盪，近代市場初步建立，市場規則不完善，市場穩定性較差的情況下，山西省政府採取了不斷加強政府對經濟的參與和控制，削弱市場作用，增強公共化程度的方式，來維持和加強閻錫山政府在山西的統制勢力，並對穩定和推動社會經濟發展起到一定作用。

二、公共經濟發展特點

民國山西省政府推動下的公共經濟得到較快發展，受到當時社會形勢和經濟形勢的影響，山西公共經濟發展帶有其自身發展特點，並具有明顯的政治統制意圖。

〔註1〕 山西省政設計委員會：《山西省政十年建設計劃案》，1932 年版，第 2 頁。
〔註2〕 山西省政設計委員會：《山西省政十年建設計劃案》，1932 年版，第 1 頁。

　　首先，運用財政赤字，採取多渠道融資手段。山西省政府為發展公共經濟勢必要增加公共支出，進行大規模財政投入，以保障公共經濟的資本運行。因而一方面採取擴張的財政政策，利用財政赤字刺激經濟並增加就業。另一方面從多渠道進行融資，以支持公共經濟發展。首先是增發貨幣，從山西省銀行發行晉鈔到後來山西四大銀號發行貨幣性質的各種證券，貨幣發行量不斷增加，並在 1920 年代末造成嚴重的通貨膨脹、貨幣貶值。儘管在 1930 年代吸取通脹教訓，為貨幣準備十足實物儲備，但仍未能挽回貨幣信譽。另外，通過發行政府債券和公私合營方式，籌集省內閒散資本，投入到公共經濟建設當中。省內發行債券較多，省政府無力償還，往往採取過渡股份、實物償還等方式強行改變原定償還方式。私人股份分紅也常常打折扣或給以物產券、土貨券等進行支付，運用行政手段降低民間資本的使用成本，提高公有資本的支配範圍和使用效率，造成私人資本收益損失。再次，對一些高利潤率的商品採取政府壟斷銷售，例如河東鹽業、煙草業、奢侈品行業和鴉片生產販賣，將壟斷利潤收歸公有，以增加政府可支配收入，並通過尋租行為謀求私利。

　　其次，公共經濟從支持農業發展開始，農業為工業貢獻原材料並賺取出口利潤，工業發展推動農業機械化進程。世界各國工業革命多發生在商業革命和農業革命的基礎之上，農業除了如劉易斯所說的為工業提供剩餘勞動力外，還提供重要的需求市場，特別是在工業化之初仍以農業為主體的國家，工業發展的持續需求動力最終來自於農村市場。民國山西近代化發展規劃也遵循這一規律，起始於主要針對農業問題的「六政三事」，以推動近代農林畜牧事業的發展的。農業的發展一方面為近代工業提供原材料，另一方面農副產品大量銷往省外，成為獲取輸出貿易利潤的重要來源。另外，公營事業對山西近代工業的發展進行了較好的規劃建設，借助山西已有的資源和物產優勢，因地制宜地發展工業。如就山西羊毛這一特產，辦西北毛織廠，擺脫羊毛受洋行控價收購的局面，其生產的毛毯、毛呢、毛衣褲等不僅暢銷省內，還行銷上海、南京、天津、北平等地，打入國內市場。西北火柴廠就方山、高帝山的森林資源供給而設。蠶業工廠則是為了山西桑蠶業而設。近代工業的發展也刺激了農業經濟的發展。於此同時，公營事業的發展推動了機器的生產、應用和普及，按照「厚生計劃」中「機器計劃案」所定目標，即將機器推廣至農耕水利，是農業生產力提高的重要技術推動力。

　　再次，集中力量優先發展重工業和基礎工業，在此基礎上發展輕工業。馬斯格雷夫和羅斯托認為公共支出在經濟發展的早期、中期和晚期表現出不同特點〔註3〕。在經濟發展早期，一方面由於交通、水利、教育等基礎設施落後，私人部門的生產性投資環境不足，另一方面私人投資對於建設規模大、週期長、收益小的基礎建設本身缺乏投資意願，制約經濟的起飛發展。因此這一時期公共經濟的重點在於基礎設施建設，以打破基礎「瓶頸」，為私人經濟創造良好環境，為經濟發展提供發展條件。民國山西省政府本意為發展軍事工業所需，客觀上遵循了這一規律，優先發展交通運輸業、採礦業、鋼鐵和機械製造業等重工業和基礎工業，試圖通過基礎設施建設投入，一方面刺激經濟發展，增加就業；另一方面為經濟長遠發展創造條件，希望能通過基礎工業的建設，實現工業機械化目的，推動工業機械化進程；更重要的是能自行生產機器設備和燃料、原材料，特別是自行生產武器彈藥，擺脫對外進口依賴，維護和鞏固山西省政府地方統制勢力，實現其政治統制的目的。

　　再其次，採取進口替代型經濟戰略，在省內與外貨競爭，削減進口，減少貨幣流出，進而圖謀出口，增加資金流入。山西省優先製造輸入量較大的商品，「就統計上多量輸入之物品，擇本省確能製造者提前製造，以足民用而塞漏卮。」〔註4〕山西省輸入最多的為花布類，其次為煙捲類、皮毛類、食用類、燃料類、顏料類、洋貨類等，因而在制定發展計劃時，著重強調紡織業的發展，提倡種植棉花、養育桑蠶，發展畜牧業，特別是養羊以獲得毛皮。為了減少煙捲類進口，提倡本省種植煙草，成立晉記煙公司，後改名為晉華捲煙廠，並為此成立造紙廠，研發生產原本全靠進口的捲煙盤紙。為了減少進口，將捲煙牌號權交給晉華捲煙廠，並逐漸減少向英美煙發放牌照，以行政手段支持省產捲煙，使每月進入山西的英美捲煙從 3000 餘箱減少到 500 箱，而晉華捲煙廠所產煙在本省銷售 2000 餘箱，在外省也可銷售七八百箱。建設所用水泥原本僅有天津唐山啟新洋灰公司生產，並長期把持壟斷價格。為擺脫進口供應省內建設，特別是同蒲鐵路的建設需要，山西省從築路經費中撥款 50 萬元借貸成立西北洋灰廠，1935 年投產日產量達到 80 噸，即用水泥還抵同蒲鐵路借款，又填補了山西水泥生產的空白。燃料類主要是進口石

〔註3〕 Rostow, W. W.（2010）. The stages of economic growth: a non-communist manifesto. American Anthropologist, 63（2），397~400.;Musgrave, R. A., & Thin, T.（1948）. Income tax progression, 1929~48. Journal of Political Economy, 56（6），498~514.

〔註4〕 山西省政設計委員會：《山西省政十年建設計劃案》，1932 年版，第 31 頁。

油類產品，在「六政三事」中提出「煉油計劃案」，希望通過煤煉油逐年增加油產量以擺脫對外依賴。1933 年初，全省已有煉油廠 33 個，每年生產各種油料，西北實業公司各廠及正太、同蒲兩大鐵路系統所使用的油料均係省內生產，並能夠輸出至臨近省份乃至鄰國。原來省內民眾燃燈油料所依賴的美孚和亞細亞兩家美國供應商不得不自然退出。〔註5〕

然而，對於山西省所豐富的煤炭資源，則由於「山西當局太重視本省自給自足的要求，因此對於各業的發展採取了平衡向上的方針，特別是因為限於當地的資金供給量的薄弱，放棄了對於當地特產的煤業之開發的計劃，這是山西十年計劃建設中，最使國人引為憾事的地方。」〔註6〕可見受到進口替代型發展策略的影響，山西省豐富的煤炭資源並沒有能發揮出其應有的生產潛力。進口替代型經濟策略雖然有利於山西經濟抵制外貨，建立自有經濟主體，保護省內經濟，但不利於根據自然環境條件發揮貿易的絕對優勢與相對優勢，通過財政補貼進口替代的石油、鋼鐵、捲煙等產業，對財力耗費巨大，收益相對較慢。

三、公共經濟發展中的經驗教訓

山西近代化發展中公共化程度逐漸加強，是政府推動干預經濟的結果，是山西省政府依靠其政治權利推動的近代化發展。正如閻錫山所說：「所謂建設之非常方法，係有計劃、有督促、有考核、有懲罰，使之增加速度，雖造成歷史上之建設恐怖時期，亦有不惜。」〔註7〕如此，山西近代化並非市場主動的近代化發展，不是自給自足的自然經濟和工場手工業向市場經濟和機器大工業的自然過渡，因此勢必會帶有一些局限性。

首先，其宣揚的公共政策理念具有資產階級天生的矛盾，經濟發展的同時也犧牲了部分民眾利益。一方面宣揚要蓄富於民，一方面又增加田賦附加和各種攤派，僅 1918 年就增加正雜稅捐 10 餘項，雜稅收入高達 93.2 萬元〔註8〕。「厚生計劃」中宣稱所有建設都不以盈利為目的，全部都是為了民生發展。

〔註5〕徐崇壽：《解放前閻錫山的重工業建設》，中國人民政治協商會議山西省太原市委員會文史資料委員會編：《太原文史資料》（第 15 輯），太原市政協文史資料委員會 1991 年版，第 25 頁。

〔註6〕鮑樂蒂：《山西省地方統制經濟論》，復興月刊 1935 年第 4 期。

〔註7〕閻錫山：《自強救國之非常辦法》，《中華實業月刊》，第 3 卷第 7 期，1936 年 7 月 1 日。

〔註8〕景占魁、劉欣主編：《山西財政史（近現代卷）》，太原：山西人民出版社 2005 年版，第 180 頁。

但實際情況是在計劃中和建設實施過程中，無不考慮盈利問題，違背了公營事業的初衷，使公營事業發展成為官僚資本。另外，涉及到利益分配問題，宣揚要以公道為準限制資本家剝削勞動者利益，但是另一方面又要求勞動者不能要求過當，並且提出「所謂減少生產成本的方法，當然有許多種類，如使用原料和機器的便利，其最重要者，即勞動的時間要增加、勞動者的工資要減少，生產品才能減價出售。」〔註9〕並將減低公營事業成本的方法列為減少業務費、減少工資（以維持生產為最低限）、增加工作時間和降低原料價格四項。由此，山西各工廠予以實行，如1935年西北實業公司育才機械廠等11名工廠內工人以每日5角的工資進行長達12～14小時的勞動，而同時期上海機器業工人工資約為7角8分3釐。〔註10〕儘管宣稱對工人分紅以資鼓勵，但將分紅主要給了公司管理人員，而工人所得甚少。如水泥廠97%的紅利分給了職員，而僅有3%的紅利分給數量是職員三倍多的工人。〔註11〕工廠房屋也十分簡陋，如前文所述中平民工廠工人在食物匱乏、環境惡劣的條件下進行長時間勞動工作，且被看管的十分嚴格。平民工廠明為為失業者提供工作，實則利用其廉價勞動力，發展官僚資本主義。

第二，轉移農業收入，發展近代工業。儘管在「六政三事」「厚生計劃」和「山西省政十年建設計劃案中」都制定了農業發展計劃，但可以看出其從主要內容逐漸轉變為附帶內容，在這3項政策計劃中的篇幅逐漸減少，可見對其重視程度減弱。從實施上來講也是如此，為積累工業資本開源節流，在財政方面增加農業稅收，而對工業稅收特別是公營工業稅收則多有減免優惠。資本通過再分配從第一產業向第二產業轉移，不僅以公營事業的方式增加工業投入，還通過公私合營等方式籌集資金。從財政方面來看，農業一直是財政收入的主要來源，儘管隨著工業化程度加深，所佔比重一直下降，但直至1936年田賦收入仍占到財政的40%以上。而在財政虧空之時，「其餘不敷之數，不得不從田賦項下附加一角，以資彌補。」〔註12〕甚至試圖對農村房產採用徵

〔註9〕　山西省政設計委員會：《山西省政十年建設計劃案》，1932年版，第4頁。

〔註10〕　景占魁：《閻錫山與西北實業公司》，山西：山西經濟出版社1991年版，第188頁。

〔註11〕　景占魁：《閻錫山與西北實業公司》，山西：山西經濟出版社1991年版，第165～168頁。

〔註12〕　閻錫山：《編制八年度省預算案之宗旨》，《閻伯川先生言論輯要》第3冊，第62～64頁。

收房稅的方法，剝削農民收入，「對鄉村的房子一律由縣裏估價，所估價格要相當於縣城房產的價格，而所上的稅率是按房產價格的百分之九計算。對縣裏和鄉村承辦的縣長、村長、村副們，則按稅收的百分之二十提獎。」〔註13〕儘管後因太原學生的反房稅運動而取消，但當局者從農民身上籌集資金的行徑已十分明顯。1934 年山西省銀行貸款中用於工業建設的占 68%左右，而用於農業生產的僅為 4%左右，懸殊相差之大，並不像「十年計劃中」所寫那般支持農業生產。從事實上來講，山西傳統農業在解體過程中因受到外貨傾銷、公私攤派、鄉村借貸不通等困難，致使陷入農村凋敝、農民破產的窘迫局面。「二十一年後，鄉村利率有高至四五分者。」〔註14〕「農村困苦，使購買力日益薄弱，失業者日益增加，而貧苦農民之賣子、鬻妻、流難出亡者，幾亦日有所聞矣。」〔註15〕

第三，公共經濟發展側重於利潤較高的重工業和對經濟發展溢出效應較高的教育、交通、金融等方面，而對涉及人民生活水平的醫療衛生和輕工業等問題則有所忽視。為建設鐵路，要求沿線農民協助提供車輛、牲畜和勞動力，嚴重影響農業生產。「因其時權利本位，所以凡事只某自己的方便，不謀人民的便利，一切的一切，不是為了平民。」〔註16〕這種影響受到近代化優先發展工業需要，對人民生活的影響有所折扣，人民仍以滿足生存需求為主要目的，其生活水平並未脫離生存壓力，並且貧富差距較大。在這種情況下，對經濟溢出效應較大的長途運輸和教育事業投入較大，而對醫療衛生和生活設施的建設則重視較少，財政對收入的再分配偏向工業和對工業有促進作用的行業，而對市民生活息息相關的行業則較為疏忽。

第四，公共經濟的發展對民族資本產生了嚴重的擠出效應。統制經濟是以政府的力量將山西省經濟資源和生產條件牢牢掌握在自己手中，一方面通過政府出資直接建立公營廠礦企業；另一方面進行公私合營，公有控股吸收

〔註13〕常國槳：《一九二五年太原中等以上學生打房稅運動》，中國人民政治協商會議山西省委員會文史資料研究委員會編：《山西文史資料（第1卷）》（第11輯），1965 年版，第 124 頁。

〔註14〕《晉陽日報三十週年紀念特輯·三十年來之山西》，晉陽日報社 1936 年版，第 58 頁。

〔註15〕冷紅：《晉綏農村經濟之滯澀與對策》，晉綏社會經濟調查統計社：《晉綏社會經濟調查統計社年刊》，1935 年版，第 9 頁。

〔註16〕周伯棣：《論公營事業》，《東方雜誌》第 43 卷第 10 號，1947 年 5 月 30 日。

社會資本，擴大公有資本的控制能力；進而對私營企業進行收購、兼併，並逐步將公私合營改為純公營，稱其為「官營民監」。以此種形式不斷壯大公營資本力量和公營企業規模，並對公營企業予以許可證等行政便利，使公營企業的競爭力和市場佔有率不斷擴大，私營企業被排擠、打壓，不得不接受兼併收購，民族資本成長困難。金融方面山西省原本為票號、銀號發達的商業區域，儘管晉商衰落，但票號、銀號等仍然為省內金融活躍的影響因素，1914年全省私營錢莊共有 561 家之多。直至公私合營的山西省銀行建立，成為山西省的「中央銀行」，發行紙幣，並取締所有私人發行貨幣權，對金融業形成絕對控制權。後在三十年代收回私有資本改組為純公營，加強了其政府力量。接著陸續成立鐵路、墾業、鹽業三銀號，對金融業的壟斷和控制進一步加深。1935 年全省私營錢莊僅存 182 家，其餘均被擠壓破產或兼併。〔註17〕另外，原先的影響力較大的雙福火柴廠、保晉公司、太原電力公司等民族資本工業，都陸續被收購入西北實業公司。太原有人暗地裏批評「十年計劃，不過有錢的大官多做幾樣生意，把小生意都給併吞去罷了。」〔註18〕可見公營事業發展對私營經濟的擠壓程度。

　　最後，山西省地方政府權力的集中和加強，滋生腐敗問題，並激化中央與地方的矛盾。政府政權集中導致官僚主義盛行，其政治人屬性高於其經濟人屬性，追求權力本位。儘管已經做出了各種限制但仍然有大量腐敗問題，公營事業實為官僚資本的產物，服務於官僚資本的利益，失去其社會福利最大化的屬性。本為彌補市場失靈而進行的經濟調控又出現政府失靈的狀況，造成社會福利的流失。山西作為地方政府，實行統制經濟政策，加強公共經濟統制力度，於山西經濟而言，有所裨益，但就全國而言，則為地方割據，不利於全國統一市場的形成和中央政府政令的實施。山西省政府的政策時常與中央政府政策相抵，如中央試圖修建太浦鐵路時，山西自行修建與其規劃相平行的輕便線路——同蒲鐵路，並且採用與全國不通用的窄軌修建，阻礙了國營鐵路駛入山西省境內。另外「（山西）其他鴉片公賣、食鹽督銷，無一非破壞中央權力之統一。」〔註19〕民國時期除山西外，廣東、廣西等地也實行

〔註17〕山西省地方志編纂委員會辦公室：《山西金融志（上冊）》，1984 年版，第 11 頁。

〔註18〕陶希聖：《太原見聞記》，載於蘇華、何遠編：《民國山西讀本・政聞錄》，太原：三晉出版社 2013 年版，第 185～196 頁。

〔註19〕吳一鳴：《廣東省防經濟論》，《汗血週刊》1934 年第 4 卷第 3～6 期。

過統制經濟，致使國家經濟整體分裂為各個單位，貨幣、交通、度量衡都不能統一，國內市場難以自由流通。因此，施行統制經濟政策的前提應該是強有力的中央政府，應該以全國為單位進行統籌規劃，地方應作為全國計劃中的一部分執行中央政令。公共經濟同樣應該以全國為單位進行宏觀調控，特別是金融貨幣這樣關係國民經濟命脈的行業和交通、市場等經濟基礎，不應由地方把控，以免造成市場不同或金融混亂的局面。

縱觀山西公共經濟初期的發展，帶有明顯的資本原始積累階段特徵，政府打著公共經濟的旗號進行資本積累和政權集中，加強了政府對經濟的控制和管理，客觀上推動了山西工業、金融、財政、交通、教育等方面的近代化步伐，對推動經濟發展、增加人民收入起到了一定的作用，特別是公共經濟、公共服務等得到了較快發展。但於此同時迫使小生產者與生產資料分離，特別是農業人口和土地的分離，集中生產資料並產生自由勞動力，通過公債、稅收等方式進行貨幣資本的集聚，由政府進行再分配投入到工業發展中，使收入湧向少數資本擁有者，導致收入差距拉大，社會不穩定因素增加。另外，地方資產階級政治權力的過度集中也產生了腐敗、壓迫和福利效率較低的一些政府行為，造成公共經濟社會福利的損失，以及中央和地方矛盾的加劇。

參考文獻

一、史料及資料彙編

1. 申報。

2. 大公報。

3. 山西日報。

4. 中央週報。

5. 政府公報。

6. 河北省財政廳訓令第三五二五號〔R〕，1920。

7. 河北省財政廳指令第一九三三〇號〔R〕，1920。

8. 晉陽日報三十週年紀念特輯三十年來之山西〔M〕，太原：晉陽日報社，1936。

9. 閻伯川先生言論輯要（第 1～10 冊）〔M〕，太原綏靖公署主任辦公處，1937 年版。

10. 薄右承講演，聶光浦筆記，各省教育考察之經過感想〔J〕，山西省立民眾教育館月刊，1934，1（1）。

11. 鮑樂蒂，山西省地方統制經濟論〔J〕，復興月刊，（4）。

12. 編輯部山西文史資料，山西文史資料全編（第 1 卷）（第 1 輯～第 13 輯）〔M〕，1998。

13. 編輯部山西文史資料，山西文史資料全編（第 2 卷）（第 14 輯～第 25 輯）〔M〕，1999。

14. 編輯部山西文史資料，山西文史資料全編（第 3 卷）（第 26 輯～第 37 輯）〔M〕，1999。

15. 編輯部山西文史資料，山西文史資料全編（第 4 卷）（第 38 輯～第 49 輯）〔M〕，1999。

16. 編輯部山西文史資料，山西文史資料全編（第 5 卷）（第 50 輯～第 60 輯）〔M〕，1999。

17. 編輯部山西文史資料，山西文史資料全編（第 6 卷）（第 61 輯～第 72 輯）〔M〕，1999。

18. 編輯部山西文史資料，山西文史資料全編（第 7 卷）（第 73 輯～第 84 輯）〔M〕，1999。

19. 編輯部山西文史資料，山西文史資料全編（第 8 卷）（第 85 輯～第 96 輯）〔M〕，1999。

20. 編輯部山西文史資料，山西文史資料全編（第 9 卷）（第 97 輯～第 108 輯）〔M〕，1998。

21. 編輯部山西文史資料，山西文史資料全編（第 10 卷）（第 109 輯～第 120 輯）〔M〕，2000。

22. 陳啟修，財政學總論〔M〕，上海：商務印書館，1924。

23. 陳希周，山西調查記（卷上）〔M〕，南京：南京共和書局，1923。

24. 陳希周，山西調查記（卷下）〔M〕，南京：南京共和書局，1923。

25. 葛豫夫，中國實施統制經濟政策之商榷〔J〕，銀行週刊，1935，19。

26. 華北綜合調查研究所編，山西省歷年縣別戶口統計〔R〕，1944。

27. 教育部中國教育年鑒編審委員會編，第一次中國教育年鑒〔M〕，開明書店，1934。

28. 金家鳳編著，中國交通之發展及其趨向〔M〕，正中書局，1926。

29. 晉綏社會經濟調查統計社編，晉綏社會經濟調查統計社年刊〔R〕，1935。

30. 李文海主編，民國時期社會調查叢編（二編）·鄉村社會卷〔M〕，福州：福建教育出版社，2014。

31. 劉大鵬遺著；喬志強標注，退想齋日記〔M〕，太原：山西人民出版社，1990。

32. 龍永貞，我國工業經濟之危機及其統治計劃〔N〕。

33. 馬寅初著，中國經濟改造〔M〕，北京：商務印書館，1935。

34. 滿鐵調查部，中國經濟開發方針及調查資料——中國立案調查書類第 2 編第 1 卷其 1〔R〕，1937。

35. 孟憲章，中國公營事業論（上）〔J〕，新中華，1948（1）。

36. 孟憲章，中國公營事業論（下）〔J〕，新中華，1948（2）。

37. 孟子忱，汾陽挪移攤販以利交通〔J〕，山西省新生活運動促進會會刊，1935（13）。

38. 全國經濟委員會，山西考察報告書〔R〕，1936。

39. 任承統，山西林業芻議〔M〕，山西旅京學友會，1929。

40. 日南滿洲鐵道調查部，「北支那」通貨金融調查資料〔R〕，1937。

41. 中國人民銀行山西省分行；山西財經學院金融史編寫組編；閻錫山和山西省銀行〔M〕，北京：中國社會科學出版社，1980。

42. 山西民社編，太原指南〔M〕，北京：北平民社，1935。

43. 山西省立民眾教育館編，山西省立民眾教育館三週年刊・民國二十五年〔M〕，山西省立民眾教育館，1936。

44. 山西省長公署統計處，山西省第三次財政統計（民國十年分）〔R〕，1926。

45. 山西省長公署統計處，山西省第三次經濟統計正集（民國十年分）〔R〕，1923。

46. 山西省長公署統計處，山西省第四次經濟統計正集（民國十一年分）〔R〕，1924。

47. 山西省長公署統計處，山西省第四次人口統計（民國十年分）〔R〕，1923。

48. 山西省政府統計處，山西省第九次經濟統計正集（民國十六年分）〔R〕，1930。

49. 山西省政設計委員會，山西省政十年建設計劃案〔R〕，1932。

50. 上海市公共交通公司編，上海市街道和公路營業客運史料彙集〔R〕，上海檔案館藏。

51. 實業部國際貿易局編，中國實業志・山西省〔M〕，實業部國際貿易局，1937。

52. 蘇華；何遠編，民國山西讀本・考察記〔M〕，太原：三晉出版社，2013。

53. 蘇華；何遠編，民國山西讀本・旅行集〔M〕，太原：三晉出版社，2013。

54. 蘇華；何遠編，民國山西讀本・政聞錄〔M〕，太原：三晉出版社，2013。

55. 臺灣閻伯川先生紀念會，民國閻伯川先生錫山年譜長編初稿〔G〕，臺灣：商務印書館，1988。

56. 太原經濟建設委員會經濟統制處製，山西統計（綏遠附）〔R〕。

57. 王興傑著，第一次中國教育年鑒（丁編）‧教育統計〔M〕，開明書店，1934。

58. 王卓然編，中國教育一瞥錄〔M〕，商務印書館，1923。

59. 吳一鳴，廣東省防經濟論〔J〕，汗血週刊，1934，4（3～6）。

60. 吳兆莘，中國稅制史〔M〕，上海：商務印書館，1937。

61. 許來明；董維民；史法根，民國時期山西省各種組織機構簡編〔M〕，1983。

62. 閻錫山，六政宣言〔R〕，1917。

63. 閻錫山講，自強救國之非常辦法〔R〕，1935。

64. 趙桐，翼城整理市容擴充城市街道〔J〕，山西省新生活運動促進會會刊，（19）。

65. 中國人民政治協商會議山西省太原市委員會文史資料研究委員會，太原文史資料（第 11 輯）〔G〕，1988。

66. 中國人民政治協商會議山西省太原市委員會文史資料研究委員會，太原文史資料（第 16 輯）〔G〕，1991。

67. 中華民國財政部財政年鑒編纂處編，財政年鑒（上冊）〔M〕，上海：商務印書館，1935。

68. 周伯棣，論公營事業〔J〕，東方雜誌，1947，43（10）。

69. 周令聞，汾西規定滅蠅運動實施辦法〔J〕，山西省新生活運動促進會會刊，1935（18）。

70. 周宋康編，山西分省地志〔M〕，上海：中華書局，1939。

71. 周憲文，中國統治經濟論〔N〕，新中華，1933 年 8 月 10 日。

72. 諸青來，中國能否實行統制經濟〔N〕，銀行週刊，1935 年 1 月 15 日。

二、中文著述及論文

1. 編委會編太原新聞史，太原新聞史〔M〕，太原：山西人民出版社，2000。

2. 曹春霞，談陶行知與近代山西的義務教育〔J〕，呂梁教育學院學報，2005（03）：28～30。

3. 曹樹基，國家與地方的公共衛生——以 1918 年山西肺鼠疫流行為中心〔J〕，中國社會科學，2006（01）：178～190。

4. 陳柳欽，公共經濟學的發展動態分析〔J〕，南京社會科學，2011（01）：21～28。

5. 陳瑞麗，民國時期公益彩票探析〔D〕，山西大學學位論文，2009。

6. 陳文彬，近代化進程中的上海城市公共交通研究（1908～1937）〔D〕，復旦大學學位論文，2004。

7. 程晉寬，制度是如何形成與演化的：中國近代教育行政的歷史存在與體制變遷──評《中國近代教育行政體制研究》〔J〕，教育發展研究，2016，36（06）：82～84。

8. 池子華，農民工與近代中國「城市病」綜合症──以蘇南為中心的考察〔J〕，徐州師範大學學報（哲學社會科學版），2011，37（02）：77～82。

9. 崔海霞；丁新豔，閻錫山與山西的工業近代化（1912～1930）〔J〕，晉陽學刊，2003（01）：90～94。

10. 戴麗華，民國時期印花稅制研究〔D〕，江西財經大學學位論文，2013。

11. 董全庚，彭士弘與西北實業公司〔J〕，文史月刊，2002（08）：55～59。

12. 杜恂誠，民國時期的中央與地方財政劃分〔J〕，中國社會科學，1998（03）：184～195。

13. 馮波，公共經濟學視角下城市公共交通供給研究〔D〕，山東師範大學學位論文，2014。

14. 付伯穎，公共經濟學視角下就業問題的思考〔J〕，東北財經大學學報，2006（02）：83～85。

15. 傅才武，近代化進程中的漢口文化娛樂業（1861～1949）〔D〕，華中師範大學學位論文，2004。

16. 高培勇，明確政府與市場的邊界〔N〕，經濟日報，2014，05，27。

17. 高展，民國時期天津糧食價格變動原因探析〔J〕，現代財經──天津財經學院學報，2003（08）：7～11。

18. 管漢暉；顏色；林智賢，經濟發展、政治結構與我國近代教育不平衡（1907～1930）〔J〕，經濟科學，2014（02）：104～118。

19. 韓康，政府經濟和政府理性──公共經濟學的緣起與發展〔J〕，國家行政學院學報，2005（04）：7～11。

20. 郝麗萍，「晉鈔」在山西的始末〔J〕，晉陽學刊，1998（03）：91～94。

21. 何趙雲，民國山西教育「模範省」由來探析〔D〕，山西大學學位論文，2011。

22. 華中師範學院教育科學研究室，陶行知全集〔M〕，長沙：湖南教育出版社，1984。

23. 賈林海，留學生與山西近代科技事業的發展〔D〕，山西大學學位論文，2009。

24. 解書森；陳冰，當代西方工資——物價理論與對策〔J〕，世界經濟，1988（06）：67～73。

25. 景占魁，簡論閻錫山在山西的經濟建設〔J〕，晉陽學刊，1994（03）：79～85。

26. 景占魁，閻錫山的「西北實業公司」〔J〕，晉陽學刊，1980（02）：89～96。

27. 景占魁，閻錫山與同蒲鐵路〔J〕，滄桑，1993（03）：26～29。

28. 景占魁編著，閻錫山與西北實業公司〔M〕，太原：山西經濟出版社，1991。

29. 景占魁著，閻錫山與同蒲鐵路〔M〕，太原：山西人民出版社，2003。

30. 孔繁芝，西北實業公司戰後對日索還始末〔J〕，山西檔案，2003（06）：35～37。

31. 孔祥毅，蔣閻馮中原混戰與晉省金融〔J〕，山西財經學院學報，1980（02）：75～86。

32. 李東鵬，上海公共租界納稅人會議研究〔D〕，上海社會科學院學位論文，2013。

33. 李歡，經濟史視角下的民國山西教育公共化及其溢出效應〔J〕，中國社會經濟史研究，2018（04）：69～82。

34. 李歡，民國時期山西工業化下的產業結構變遷〔J〕，經濟研究導刊，2018（08）：48～49。

35. 李歡，太原城市近代化過程中的市民生活水平研究〔J〕，中國經濟史研究，2018（02）：134～145。

36. 李金碧，閻錫山治理下的山西鄉村教育研究（1917～1937）〔D〕，山西大學學位論文，2016。

37. 李樂，關於中國近代人口史的綜述〔J〕，黑龍江史志，2014（09）：41～43。

38. 李茂盛，閻錫山「省政十年建設計劃」述評〔J〕，山西廣播電視大學學報，1999（04）：49～51。

39. 李茂盛；梁娜，民國內地棉花技術設備引進中的近代化趨勢——以山西棉花打包機廠籌建為例〔J〕，中國社會經濟史研究，2017（02）：56～64。

40. 李茂盛主編,民國山西史〔M〕,太原:山西人民出版社,2011。

41. 李沛霖,中國近代電信史研究述評〔J〕,民國研究,2016(01):234~246。

42. 李永福,晉鈔發行對 20 世紀 20 年代山西金融業的積極影響〔J〕,山西高等學校社會科學學報,2000(12):83~84。

43. 李玉文編著,山西近現代人口統計與研究,1840~1948〔M〕,北京:中國經濟出版社,1992。

44. 連峰,山西地方工業化的初步嘗試〔D〕,山西大學學位論文,2012。

45. 梁娜,民國時期內地企業制度近代化問題研究——以山西省斌記商行產權主體與組織架構變遷為例〔J〕,中國社會經濟史研究,2015(04):84~94。

46. 梁四寶;劉卓珺,從西北實業公司看閻錫山的用人思想與實踐〔J〕,晉陽學刊,2001(03):92~95。

47. 梁玉嬌,民國時期山西省參議會與上海市參議會的比較分析〔J〕,社科縱橫(新理論版),2013,28(03):207~208。

48. 劉峰搏,民國時期「晉鈔」的發行及其影響〔J〕,山西大學學報(哲學社會科學版),2004(05):1~5。

49. 劉建,中國近代教育行政體制研究〔D〕,南京師範大學學位論文,2008。

50. 劉建生;劉鵬生,試論「西北實業公司」的經營管理特色及歷史啟示〔J〕,經濟師,1996(02):65~67。

51. 劉建生;燕紅忠,近代以來的社會變遷與晉商的衰落——官商結合的經濟學分析〔J〕,山西大學學報(哲學社會科學版),2003(01):15~20。

52. 劉君德;張玉枝,國外大都市區行政組織與管理的理論與實踐——公共經濟學的分析〔J〕,城市規劃彙刊,1995(03):46~52。

53. 劉守剛,晚清財政轉型與我國公共生產制度的興起〔J〕,上海財經大學學報,2003(02):50~57。

54. 劉正慧,劉炳煦與西北實業公司〔J〕,文史月刊,2015(11):39~41。

55. 劉志紅;王利輝,公共經濟學研究主題與方法發展趨勢分析〔J〕,南京財經大學學報,2017(04):87~96。

56. 馬驍;馮俏彬,現狀與未來:國內外公共經濟學研究評述〔J〕,地方財政研究,2009(11):34~37。

57. 米嘉；楊軍，民國時期中國地方官營貨幣發行機構的演化：一個隱喻的
視角——基於抗戰前山西省「四銀行號」的研究〔J〕，雲南財經大學學
報，2017，33（05）：13～25。

58. 彭凱翔，近代北京價格與工資的變遷：19世紀初至20世紀初〔J〕，河北
大學學報（哲學社會科學版），2013，38（02）：20～29。

59. 任志敏，閻錫山發行晉鈔研究（1917～1936）〔D〕，山西師範大學學位論
文，2014。

60. 山西省地方志辦公室，民初山西六政三事〔G〕，北京：方志出版社，2016。

61. 山西省地方志編纂委員會辦公室編，山西外貿志〔M〕，山西省地方志編
纂委員會辦公室，1984。

62. 山西省史志研究院編，山西通志（第23卷）·郵電志〔M〕，北京：中華
書局，1996。

63. 山西省史志研究院編，山西通志（第29卷）·財政志〔M〕，北京：中華
書局，1997。

64. 申國昌；史降雲，以教促政：民國時期山西社會教育研究〔J〕，武漢科技
大學學報（社會科學版），2012，14（04）：431～436。

65. 蘇平，地方公共經濟影響下的城市設計研究〔D〕，華南理工大學學位論
文，2015。

66. 唐大鵬；李怡；王璐璐等，公共經濟視角下的政府職能轉型與內部控制
體系構建〔J〕，宏觀經濟研究，2015（12）：28～37。

67. 唐任伍；李楚翹，國外公共經濟學研究的最新進展和發展趨勢〔J〕，經濟
學動態，2017（08）：109～123。

68. 陶宏偉著，民國時期統制經濟思想與實踐（1927～1945）〔M〕，北京：經
濟管理出版社，2008。

69. 田兵權，中國近代城市轉型問題初探〔D〕，西北大學學位論文，2004。

70. 田君，三十年代山西工業化建設中的資金戰略研究〔D〕，山西財經大學
學位論文，2012。

71. 王笛，清末「新政」與四川近代教育的興起〔J〕，四川大學學報（哲學社
會科學版），1985（02）：95～112。

72. 王亮，山西近代城市規劃發展研究〔D〕，太原理工大學學位論文，2013。

73. 王玲；王偉強，城市公共空間的公共經濟學分析〔J〕，城市規劃彙刊，

2002（01）：40～44。

74. 王笑笑，基督教影響下的山西教育〔D〕，山西大學學位論文，2010。

75. 王彥林，當代中國公共經濟與民間經濟關係優化研究〔D〕，河北師範大學學位論文，2011。

76. 王瑛，近代晉中商人的新式教育研究（1903～1937）〔D〕，山西師範大學學位論文，2014。

77. 王玉茹，近代中國農村物價指數變動趨勢分析〔J〕，廣東外語外貿大學學報，2008（03）：5～9。

78. 王玉茹，中國近代物價總水平變動趨勢研究〔J〕，中國經濟史研究，1996（02）：52～65。

79. 魏明孔，近代勞資關係的創新成果——評《中國勞資關係近代轉型研究》〔J〕，河北經貿大學學報（綜合版），2018，18（04）：95。

80. 魏明孔，中國前近代社會國家的經濟職能〔J〕，學術月刊，2006（08）：120～123。

81. 魏明孔；高超群主編，歷史上的經濟轉型與社會發展——第二、三屆全國經濟史學博士後論壇論文精選集〔M〕，北京：九州出版社，2017。

82. 魏明孔；趙學軍主編，中國經濟發展道路的歷史探索——首屆中國經濟史博士後論壇論文精選集〔M〕，北京：九州出版社，2015。

83. 吳太昌；武力；魏明孔，中國國家資本的歷史分析〔M〕，中國社會科學出版社，2012。

84. 吳麗敏；張文錫，試析西北實業公司生產經營方式與經營績效〔J〕，滄桑，2005（01）：16～17。

85. 吳兆莘著，中國稅制史〔M〕，北京：商務印書館，1998。

86. 武靜清；陳興國著，十九世紀末二十世紀初葉山西財政與經濟〔M〕，北京：中國財政經濟出版社，1994。

87. 武強，民國時期上海市場的對外聯繫——以1921～1937年貿易和物價指數為中心的分析〔J〕，史學月刊，2010（09）：112～121。

88. 徐建生著，民國時期經濟政策的沿襲與變異（1912～1937）〔M〕，福州：福建人民出版社，2006。

89. 許一友；王振華著，太原經濟百年史（1892～1992）〔M〕，太原：山西人民出版社，1994。

90. 燕大虎；近代教育對經濟的影響〔D〕，復旦大學學位論文，2009。

91. 楊丞娟，王寶順，公共支出、空間外溢與圈域經濟增長——以武漢城市圈為例〔J〕，現代財經（天津財經大學學報），2013，33（03）：119～129。

92. 楊國勇；汪雷，公共經濟學視角下農村義務教育政府投入機制研究〔J〕，經濟社會體制比較，2007（02）：121～124。

93. 楊圍，關於公營事業的初步分析〔J〕，社會學研究，2004（04）：107～112。

94. 楊萬生；張春根著，學府春秋·太原教育史話〔M〕，太原：山西人民出版社，2009。

95. 姚帆，近代公共衛生體系中的國家與社會——以1918年鼠疫為中心的考察〔J〕，社會科學動態，2017（04）：82～88。

96. 姚海瓊，基於溢出效應的教育支出對經濟增長的影響研究〔D〕，湘潭大學學位論文，2010。

97. 葉昌綱著，閻錫山與日本關係史研究〔M〕，上海：書海出版社，2001。

98. 尹志兵，1918年山西肺鼠疫傳播與防治〔J〕，中北大學學報（社會科學版），2015，31（06）：20～24。

99. 翟旭丹，近代上海社會福利制度研究（1927～1937）〔D〕，華東政法大學學位論文，2013。

100. 張東剛，近代中外勞動者生活費調查研究概況〔J〕，南開經濟研究，1996（01）：71～75。

101. 張瑞芳，淺析民國時期民眾教育館對基層社會的影響〔J〕，山西青年，2017（06）：101～102。

102. 張文錫；吳麗敏，試析西北實業公司經營管理制度〔J〕，滄桑，2004（06）：23～24。

103. 張蔭黰，閻錫山與西北實業公司的發展〔J〕，科教文匯（下旬刊），2009（07）：222～223。

104. 趙博煊，山西近代城市發展研究〔D〕，太原理工大學學位論文，2014。

105. 趙華芬，二十世紀初期山西交通狀況與區域經濟發展（1912～1937)〔D〕，山西大學學位論文，2011。

106. 趙佳，山西近代城市規劃發展研究〔D〕，太原理工大學學位論文，2014。

107. 趙可，近十年來中國近代市政史研究述評〔J〕，民國研究，2011（01）：

19～36。

108. 趙永革；王亞男著，百年城市變遷〔M〕，北京：中國經濟出版社，2000。

109. 鄭彥星，抗戰前西北實業公司經濟效益分析〔J〕，華中師範大學研究生學報，2017，24（02）：102～108。

110. 中共山西省委調查研究室，山西省經濟資料（第4分冊）·商業、糧食、物價、財政、金融部分〔M〕，1963。

111. 中共山西省委調查研究室編，山西省經濟資料（第2分冊）·工業、基建、交通、郵電、手工業部分〔M〕，太原：山西人民出版社，1960。

112. 中國人民政治協商會議山西省太原市委員會文史資料研究委員會編，太原文史資料（第11輯）〔M〕，1988。

113. 周成編，山西地方自治綱要〔M〕，泰東圖書局，1929。

114. 周業安；王一子，正在轉型的公共經濟學──基於行為公共經濟學視角的討論〔J〕，教學與研究，2017（01）：73～81。

115. 朱博能編著，地方財政學〔M〕，正中書局，1948。

三、英文文獻

1. Buchanan J M. Public finance in democratic process: Fiscal institutions and individual choice〔M〕. UNC Press Books, 2014.

2. Elvin J. The Gentry Democracy in Shanghai, 1905~1914〔Z〕. University of Cambridge, 1969.

3. Fischer S, Thomas V. Policies for economic development〔M〕. World Bank Publications, 1995.

4. Glomm G. Parental choice of human capital investment〔J〕. Journal of Development Economics, 1997,53（1）:99~114.

5. Goldin C, Katz L F. The legacy of US educational leadership: Notes on distribution and economic growth in the 20th century〔J〕. American Economic Review, 2001,91（2）:18~23.

6. Grove L. International Trade and the Creation of Domestic Marketing Networks in North China, 1860~1930〔M〕//Routledge, 2013:112~131.

7. Honig E. Sisters and strangers: Women in the Shanghai cotton mills, 1919~1949〔M〕. Stanford University Press, 1992.

8. Kuznets S. Economic growth and income inequality〔J〕. The American economic review, 1955:1~28.

9. Lipkin Z. Useless to the state:" social problems" and social engineering in nationalist Nanjing, 1927~1937〔M〕. Harvard Univ Council on East Asian, 2006.

10. Mittler B. A newspaper for China?: power, identity, and change in Shanghai's news media, 1872~1912〔M〕. Harvard Univ Asia Center, 2004.

11. Musgrave R A. Theory of public finance; a study in public economy〔J〕. 1959.

12. Peacock A T. The growth of public expenditure〔M〕//Springer, 2004:594~597.

13. Redfield R, Singer M B. The cultural role of cities〔J〕. Economic development and cultural change, 1954,3（1）:53~73.

14. Rostow W W, Rostow W W. The stages of economic growth: A non-communist manifesto〔M〕. Cambridge university press, 1990.

15. Schultz T W. The value of children: an economic perspective〔J〕. Journal of Political Economy, 1973,81（2, Part 2）:S2~S13.

16. Sheehan B. Trust in troubled times: Money, banks, and state-society relations in republican Tianjin〔M〕. Harvard University Press, 2003.

17. Wagner A. Three extracts on public finance〔M〕//Springer, 1958:1~15.

博士論文致謝

　　歲月如梭，如歌。轉眼間，四年的博士求學生涯即將結束，站在畢業的門檻上，回首往昔，奮鬥和辛勞成為絲絲的記憶，甜美與歡笑也都塵埃落定。中國社會科學院研究生院以其博大包容的情懷胸襟、浪漫充實的校園生活育我成人，經濟研究所以其優良的學習風氣、嚴謹的科研氛圍教我求學。值此畢業論文完成之際，我謹向所有關心、愛護、幫助我的人們表示最誠摯的感謝與最美好的祝願。

　　回想初入良鄉小院時自己帶著懵懂無知，暢想小院是安逸寧靜的世外桃源，時常陶醉於小院漆黑而略帶昏黃燈光的夜晚，飛馳而過的房山線地鐵是打破操場寧靜的一道閃電，也是聯繫外面社會和此處世外桃源的唯一出口。這世外桃源裏常有神仙到訪，便是那些殿堂級的教授，寥寥幾語就道盡世間道理，成為博士修煉時快速提升的秘訣。回想起來，此生能一睹大神們的風采，真是一大幸事。

　　逐漸開始進入自己的研究領域，才知這世外桃源的安逸只是表面的，其實每個人的內心都在拼命努力，在學術探索過程中，充滿了辛勞、困頓、奮鬥、掙扎，內心無數次糾結在某個問題上，從自我懷疑到自我否定到自圓其說，是一個活過來死過去循環往復的過程。在這一過程中，每一次都更加接近真理，每一次都增強了自己的信念和能力。也許博士修仙就是這麼一個愁腸百結的過程，要麼得道成仙，要麼走火入魔。

　　幸得名師引路，我最終還是沒有墮入魔道。猶記得初入師門，曾經因為年少不懂事，給老師無端添了許多麻煩，這也是我第一次感受師威，老師話雖嚴厲但句句入耳，顏雖盛怒卻處處關心，猶如當頭一棒，將我這個不是很上道的

學生拉回正途。老師常說，要我們不僅學習怎麼做學問，更要學習怎麼做人。因此，老師不僅教授我們如何進行學術研究和論文寫作，資助我們參加學術會議，幫助我們推薦期刊，更重要的是時常與我們分享人生經歷和感悟，教導我們對待他人要謙虛有禮、對待學術要孜孜不倦、對待問題要靈活應變、對待不平更要獨善其身堅守底線。每每聽到這些，總是讓我發自內心的感歎「聽君一席話勝讀十年書」，這些人生閱歷和做人準則句句千金，是無法從書本中學到的。在此衷心的感謝我的博士導師中國社會科學院經濟研究所魏明孔研究員及師母中國社會科學院世界歷史研究所郭遠英老師，借用師兄的一句話來說：「成魏師之徒，為我生之幸。受魏師之誨，是我生之福。」

身在經濟所這樣名家雲集的地方，我還有幸受教於趙學軍老師和徐建生老師，感謝二位老師為我教授專業課程，並慷慨贈書。感謝《中國經濟史研究》編輯部的高超群老師、魏眾老師、王小嘉老師、王姣娜老師、白豔君老師和倪詩妝老師幫助我修改論文，特別是王小嘉老師多次不厭其煩的幫我校對修改，才能最終定稿。感謝廈門大學《中國社會經濟史研究》林楓老師收錄並幫我校訂論文。感謝高超群老師、蘇金花老師、于千千老師、蘭日旭老師參加我的開題答辯並提出建設性意見，特別是在武漢學習時又偶遇高超群老師對我研究範圍框架的修改提出頗具啟發性的建議，使我受益匪淺。感謝經濟所系秘蔣維慎老師，耐心且不厭其煩的為我們辦理各項事宜。

感謝我碩士導師成豔萍老師對我一直以來的關心和愛護，感謝石濤老師對我論文方向上的啟發與指導，感謝劉建生老師、劉成虎老師及山西大學晉商所各位老師給予的幫助。感謝首都師範大學的閻守誠師公及夫人對我在學習和生活上的關心和幫助，與閻先生交談總是如沐春風，夫人做的飯更是令人垂涎。

感謝焦建華師兄慷慨贈書，感謝馬國英師姐幫助我查找資料，感謝趙偉洪師姐對我學習上提出的建議，感謝熊昌錕師兄對我的激勵和幫助，感謝宋纖師妹幫助我處理學校的各項事務，感謝范建鏋、尹振濤、黃英偉、豐若非、焦建華、張健康等各位師兄、師姐、師妹對我的幫助，正因為有如此優秀的師兄師姐，才激勵我努力學習、不辱師門。

感謝我的同窗好友郭敏、蔡雪妮、歐陽豔、孫珊、陸江源、劉謙、李東松、夏小文等，猶記得在複習考試的那些天，大家的筆記、資料給了我莫大的幫助與啟發，與你們探討問題、互相鼓勵，才能使枯燥的學習生活變得豐

富多彩。感謝我的室友彭悅，讓我能擁有溫馨溫暖的宿舍環境，並帶給我90後的蓬勃朝氣，讓我緊跟時代潮流，沒有成為一個不食人間煙火的「女博士」。希望同學們都不負韶華，不負春秋，魚水雲龍，此生縱情恣意！

最後要感謝我的家人，感謝我的先生梁曉斌一直以來對我的鞭策、鼓勵、關心和支持，有君在側，如有屋脊。感謝我的父母鼎力支持我讀到博士，一直盡最大努力給我提供優渥的生活條件，讓我沒有後顧之憂，順利完成這艱難的求學生涯。感謝我的公公、婆婆對我的理解和幫助。感謝我的寶寶小綿羊給我的生活帶來的歡樂，照顧你是一個痛並快樂的過程，未來還請多多關照，早日讓老母親實現睡個囫圇覺的夢想。

一個人的成長絕不是一件孤立的事，沒有別人的支持與幫助絕不可能辦到。我時常覺得自己無功無德卻總是路遇貴人，要感謝的人太多，在此不能一一列舉，僅對所有幫助、關心過我的人們表示衷心感謝！

回首過往，思緒萬千，上了半輩子的學，如今終於要功德圓滿，學成歸來。不敢奢求大富大貴、成家成名，只希望能學以致用，對社會盡些許螻蟻之力，為他人謀點滴涓埃之福，也算不負所學，不負師恩。

李歡於北京豐臺住所
2019 年 5 月 1 日

本書致謝

　　《公共經濟視角下的山西近代化變遷（1912〜1937）》是我在博士階段深入探究與總結的成果，同時也是對碩士期間研究山西太原近代城市化變遷主題的進一步延伸與拓展。我在博士期間曾居住於北京豐臺的一套出租屋內，該書的主要撰寫工作便是在此完成。當時的書房是由陽臺改造而成，房頂晾曬著孩童衣物，地上堆放著生活雜物，但一角的書架與書桌卻始終保持整潔，成為我潛心學術、靜心思考的一隅之地。儘管生活瑣事時常牽絆，環境亦非盡善盡美，但我沉浸在對民國山西的想像之中，以公共經濟為視角跨越現實藩籬，探尋山西近代化之變遷軌跡。雖歷經艱辛，但每當有所發現、有所領悟之時，內心便充滿喜悅與滿足，深感學術之路雖曲折，卻充滿無限可能與價值。

　　博士學業完成後，我踏入中關村海澱園企業博士後工作站。在此期間，我逐漸從一名青澀的、未諳世事的學子，轉變為能夠初步把握市場脈搏、解決現實問題的研究者。歷史與經濟理論雖豐滿，現實卻頗為骨感。實際問題涉及權責立場、組織合作、信息成本、執行條件等諸多因素，對經典理論有所干擾，迫使我從具體問題出發、以實際情況為依據，重新審視並構建我的研究邏輯。在工作學習中，我不斷經歷「實踐—碰壁—學習—成長—再實踐」的循環上升過程，深感責任重大及自身不足。幸得賀俊與柳進軍二位恩師對我悉心指導，他們不僅在理論層面上提供了許多寶貴且前瞻性的建議，更在實踐應用場景中給予我深刻的啟發。

　　在我博士後工作圓滿結束、即將邁入新的人生篇章之際，意外獲得花木蘭文化事業有限公司的邀請，要將博士期間的學術成果整理成書，並將其在

全球範圍內發行。舊調重彈，我既興奮於借此給自己學術生涯形成一個標誌性成果，又悵然於逝者如斯，往事已矣。在此，我要對花木蘭文化事業有限公司各位編輯老師的專業性與嚴謹性表示衷心的感謝。也要對我的博士導師魏明孔教授及其夫人表示感謝，師之大者，傳道授業，為長遠計，恩師在做人、做事、做學問上皆為我輩楷模。

在為期三年的博士後在站期間，整個社會深受新冠疫情的困擾與桎梏，民眾在病毒傳染與嚴格管控的雙重壓力下，歷經艱辛，努力尋求生存與發展的可能。在此，我衷心感謝祖國所展現出欣欣向榮的恢復發展，為我們提供了堅實的後盾；也要感謝我親愛的家人一直以來給予我的關愛和支持，能夠讓我心無旁騖地鑽研學術。回望新冠疫情所帶來的災難，使我們更加珍惜現階段社會正常的生活生產秩序，尤望河清海晏、國泰民安。

李歡於北京海澱科技大廈

2024 年 3 月 17 日